Y Tlawd Hwn:
Casgliad o Gerddi
W. J. Gruffydd

William John Gruffydd (1881-1954) oedd un o ffigurau cyhoeddus mwyaf blaenllaw'r byd Cymraeg yn ystod hanner cyntaf yr ugeinfed ganrif. Roedd yn un o ysgolheigion mwyaf dylanwadol ei oes ym maes llenyddiaeth Gymraeg, yn olygydd papur newydd *Y Llenor* am ddegawdau, a bu'n enwog hefyd am ei gystadleuaeth wybyddol a gwleidyddol gyda Saunders Lewis, a ddaeth i'w hanterth yn ystod isetholiad sedd Prifysgol Cymru yn 1943, a enillwyd gan Gruffydd.

Fel bardd, fodd bynnag, daeth Gruffydd i'r amlwg yn gyntaf, a hynny'n llanc ugain oed pan gyhoeddwyd *Telynegion*, ei gydweithrediad gydag R. Silyn Roberts. Ystyrir ef o hyd yn un o feirdd mawr y dadeni mewn barddoniaeth Cymraeg ar ddechrau'r ugeinfed ganrif, ac er bod detholiadau lawer wedi'u gwneud o'i waith, y gyfrol hon yw'r ymgais cyntaf i gasglu ynghyd holl weithiau barddonol cyhoeddedig y bardd.

Cyhoeddwyd gan
Llyfrau Melin Bapur
Llanofer, 2025

Diwygiwyd yn Ionawr 2026 i ychwanegu dwy gerdd.

Llun y clawr:
Richard Wilson (1713-1782)
Yr Wyddfa o Lyn Nantlle

Hawlfraint y testun diwygiedig:
©Melin Bapur 2025/2026

Ni ellir atgynhyrchu unrhyw ran o'r llyfr hwn heb ganiatâd, ac eithrio at ddibenion adolygiad llyfr.

Cedwir pob hawl.

ISBN:
978-1-917237-39-0

W. J. Gruffydd
(1881-1954)

Y Tlawd Hwn:
Casgliad o Gerddi

Llyfrgell Gymraeg Melin Bapur
Golygydd Cyffredinol: Adam Pearce

W. J. Gruffydd yn 1946.

Defnyddir y llun dan drwydded *Creative Commons 4.0*,
gyda diolch i Brifysgol Caerdydd.

Cynnwys

Rhagair xi

Telynegion (1900)

    Golau'r Dyddiau Fu 1

    Ddoe a Heddiw 2

    Cloch y Bugail 3

    Menna Glan y Lli 4

    Sŵn yr Afon yn y Dolydd 5

    Y Seren 6

    Y Gerdd Di-Enw 8

    Rhuo, Rhuo mae y Gwynt 10

    Ffarwel 12

    Men 13

    Cerdd y Gwanwyn 14

    Yn ôl at Natur 16

    Merch y Brenin 18

    Endymion 20

    Yr Hen, Hen Hanes 22

    Blwyddyn Serch 24

    Nos Da 26

    Gair o Bell 27

    Olwen Glan Geirionnydd 28

    Cedwch Allan y Wawr 30

    Tynged 31

    Diwedd y Daith 32

    Yr Eiddew yn Llatai 33
    Circe 34
    Golau Gobaith.. 35
    Ymson Catullus 36
Adfeilion 37
Caneuon a Cherddi (1906)
    Allor Awen Cymru................................ 38
    Balchder Teiroes.................................... 40
    Creigiau Penmon.................................... 42
    Je Pleure Les Lèvres Fanées 43
    Ar yr Allt... 44
    Gorffwys.. 50
    Mair 51
    Newid... 52
    Pen y Bryn... 52
    Y Blodeuyn Olaf..................................... 53
    Afon Amser 53
    Penillion Ysbaen..................................... 54
    Y Gwanwyn Du...................................... 54
    Er Cof am fy Chwaer............................ 55
    Y Ddinas.. 55
    Baled Gwenno Llwyd 56
    Im Walde Wandl' Ich und Weine 56
    Auf Flugen des Gesanges..................... 57
    Tempora Mutantur................................ 58
    Er Cof... 59

Dydd yn Ebrill 60
La Nuit Blanche 60
Y Teithiwr 61
Vox Et Praeterea Nihil 61
Yr Ynysig 62
Cerddi'r Helyg 63
Yr Aderyn Cyfarwydd 64
Yr Hen Gariad 65
Yr Ysbryd 65
Cerddi Cymru 66
    Cerdd Hen Lanc Tyn y Mynydd .. 66
    Cerdd yr Hen Chwarelwr 67
    Cerdd yr Hen Longwr 68
    Cerdd y Prydydd Ieuanc 69
Siom Serch 70
Merch y Mynydd 71
Non Nobis 72
Canu'r Haf 73
Y Wen Goll 74
Myfi fy Hun 75
Rhianedd Atgof 76
Cân y Gwin 77
Hen Ystori 78
Teirgwaith 78
Trystan ac Esyllt 79
Menna Glan-y-Llyn 99

Ynys yr Hud a Chaneuon Eraill (1923)

Breuddwyd 100

Lleisiau'r Fynwent 101

Gwerfyl Fychan 103

Llanfihangel Dinsylwy 104

Y Pictiwr 105

Dafydd yn ei Fedd 106

Coed Nant-y-Garth, 1188-1908 107

Goronwy Owen yn Ffarwelio â Phrydain 107

Yr Arglwydd Rhys 114

Ywen Llanddeiniolen 142

I'r Dywigiwr 144

Y Tyddynwr 146

Ymbil ar Hydref 148

Sionyn 150

Meindwr y Gelyn Mawr 151

Jonah Puw 152

Cathl i'r Ysbryd Glân 154

Cofia 156

Ynys yr Hud 157

Dygwyl y Meirw 165

Litani 166

Emyn i Amynedd 168

Y Fendith 170

Y Farn Fawr 172

I'm Cyndadau	173
1914-1918	174
Ofn	176
Y Pharisead	177
Yr Asyn	178
Gwlad y Bryniau	179
Gwladys Rhys	180
Y Rhieni Wrth y Plentyn	182
Thomas Morgan yr Ironmonger	184
Y Golled	185
Y Gwestai	186
Cefn Mabli	187
Capten John Huws yr *Oriana*	188
Y Tlawd Hwn	190
Angof	191
Im Memoriam	192
Er Cof am John Morris-Jones	193
Y Murddyn	193
Cyffes Gweinidog Bethesda	194
Mae'r Pasiant Trosodd	195
Goresgyniad	196
Er Cof am y Parch. Thomas Rhys	198
William Prys y Te	199
Mynegai Llinellau Cyntaf	200

Rhagair

Hyd yn oed pe na bai wedi ysgrifennu'r un gerdd byddai W. J. Gruffydd wedi bod yn un o ffigyrau cyhoeddus mwyaf diddorol y byd Cymraeg yn yr ugeinfed ganrif. Roedd ei ddadl gyhoeddus gyda Saunders Lewis a ddaeth i'w hanterth yn yr ornest wleidyddol rhyngddynt yn isetholiad Prifysgol Cymru 1943 yn frwydr dros enaid gwleidyddol y gwareiddiad Cymraeg, ac er mai Gruffydd a'i henillodd, un pyrrhig oedd ei fuddugoliaeth, gan chwalu llawer o'r ewyllys da a fu tuag ato a chreu drwgdeimlad fyddai'n parhau i'w deimlo mewn rhai peuoedd deugain mlynedd wedi'i farwolaeth. Gruffydd mewn llawer ffordd oedd yr olaf o hen draddodiad Rhyddfrydol Cymraeg Lloyd George, O. M. Edwards a'u tebyg, ac yn sgil dominyddu bywyd gwleidyddol Cymru ers ei oes ei hun gan Genedlaetholdeb a Sosialaeth (mewn enw o leiaf), hawdd yw gweld W. J. Gruffydd yn gynrychiolydd, os nad o geidwadaeth yn union, yna o fyd ac o werthoedd yr oedd eu hoes wedi mynd heibio.

Camgymeriad, neu o leiaf gor-symleiddio fyddai hynny. Barddoniaeth yw ein testun yn y gyfrol hon ac nid dyma'r lle i fynd i fanylder ar syniadaeth wleidyddol na chymdeithasol W. J. Gruffydd; fodd bynnag, annhegwch fyddai peidio â chydnabod radicaliaeth wirioneddol y gŵr a thalu teyrnged iddo am ei feiddgarwch, yn bennaf oll yn y ffordd y dysgir y Gymraeg yn ein prifysgolion. Dan arweinyddiaeth Gruffydd, Adran Gymraeg Prifysgol Caerdydd oedd y cyntaf i ddarlithio yn y Gymraeg, y cyntaf i astudio testunau'r bedwaredd ganrif ar bymtheg, y cyntaf i hysbysebu ei chyrsiau yn y Gymraeg, a'r cyntaf i gael ei hadnabod yn gyffredinol fel 'Ysgol Gymraeg' yn hytrach nac ysgol 'Geltaidd'. Fel ysgolhaig, ystyrir ei waith yn drylwyr, yn arloesol ac yn broffesiynol ac os oedd rhai o'i ddadleuon braidd yn idiosyncratig nid oedd yn fwy euog o hynny na nifer fawr o ysgolheigion Cymraeg eraill ei oes (Saunders Lewis yn fwy na neb).

Fel bardd, hefyd, yn sicr ar ddechrau ei yrfa, ystyriwyd Gruffydd yn radical. Roedd yn un o'r beirdd ifanc, brwd, ffres eu hagwedd bu'n gyfrifol am y "dadeni" ar ddechrau'r ugeinfed ganrif a ysgubodd ymaith llesgedd barddoniaeth Gymraeg Eisteddfodol degawdau olaf y ganrif flaenorol a chychwyn yn ei lle oes farddonol newydd. Er ei fod yn Rhamantydd wrth anian, fel llawer o feirdd y "dadeni" gwelwyd troad oddi wrth yr aethesteg honno'n nes ymlaen hefyd: nid oedd Gruffydd ar unrhyw adeg yn ei oes yn fardd ceidwadol ei weledigaeth.

Nid oedd Gruffydd yn fardd toreithiog, ac arafodd ei allbwn barddonol yn sylweddol wrth i'r ganrif fynd yn ei blaen. O'r 118 o gerddi a gasglwyd ar gyfer y gyfrol hon—rwyf yn weddol hyderus mai dyma'i holl waith cyhoeddedig fel bardd—dim ond tair ar ddeg a gyhoeddwyd yn nhri degawd olaf ei fywyd, a dim o gwbl yn y ddegawd olaf un. Roedd tri chwarter ohonynt wedi'u cwblhau erbyn dechrau'r Rhyfel Byd Cyntaf yn 1914, a chyhoeddwyd hanner o holl weithiau barddonol W. J. Gruffydd rhwng 1900 ac 1906; eto mae'n debyg mai'r cerddi hyn fydd fwyaf tebyg o fod yn gerddi "newydd" i ddarllenwyr y gyfrol hon sydd eisoes yn gyfarwydd â barddoniaeth Gruffydd.

Er gwaetha'r croeso cynnes a gafodd *Telynegion* yn y wasg tueddai Gruffydd i ddiystyru ei waith cynnar, ac mae'r consensws beirniadol wedi tueddu ystyried y

Rhagair

gyfrol yn waith llanc—waeth pa mor addawol—yn hytrach na bardd aeddfed. Er bod beirdd y ganrif flaenorol fel Ceiriog a Thalhaiarn wedi canu telynegion lu, nid y rhain ond gwaith y bardd Almaeneg Heinrich Heine (1797-1856) oedd prif ddylanwad Gruffydd a'i gydawdur R. Silyn Roberts yn y *Telynegion*, o bosib drwy gyfrwng cyfieithiadau a cherddi gwreiddiol John Morris-Jones. Maen nhw'n drwythol o'r Rhamantiaeth oedd yn dal i afael yn dynn yn estheteg ei oes, ac er ei bod hi'n hawdd i ni heddiw weld naïfrwydd sentimental yn o leiaf rhai o'r cerddi hyn, mae'n bwysig cydnabod mor radical yr ystyriwyd ei waith ar y pryd: i un adolygydd cynrychiolent "the growing of the modern spirit,"; "The little volume of songs now before me emphasises the advent of a new era," meddai un arall.

Cam sylweddol ymlaen oedd cyhoeddiad barddonol nesaf Gruffydd, *Caneuon a Cherddi* (1906). Hon oedd ei gyfrol gyntaf o farddoniaeth dan ei enw ei hun yn unig; ac yn wahanol i'r cerddi yn y gyfrol flaenorol roeddynt yn gynnyrch cyfnod hirach, gyda'r cerddi'n fwy amrywiol ac yn aml yn llawer mwy uchelgeisiol eu natur, er bod rhai ohonynt, fel *Mair*, mewn cywair digon tebyg i'r *Telynegion*. Mae'r dylanwadau Ewropeaidd a chlasurol—fu yno ers y cychwyn—yn gliriach fyth yn y casgliad hwn o gerddi. Roedd Gruffydd yn fyfyriwr yn Rhydychen adeg cyfansoddi'r cerddi cynharaf yn y casgliad; ac yn ogystal â chyfieithiadau o Heine ac eraill, gwelir Gruffydd yn cyfeirio'n fynych at glasuriaeth Groeg a Rhufain ac yn defnyddio ffurfiau fel y soned, fel yr oedd eisoes wedi'i wneud yn y *Telynegion*. Roedd y soned yn ffurf gymharol newydd o hyd i'r Gymraeg ar y pryd, er gwaetha'i wreiddiau canoloesol. Yn y gyfres o *Gerddi Cymru* hefyd gwelir y camau cyntaf i'r cyfeiriad yr oedd i nodweddi llawer o farddoniaeth aeddfed y bardd, sef portreadau haenog, cymhleth o gymeriadau ei fro. Testun Rhamantaidd a thestun Cymreig, fodd bynnag, neu o leiaf un Brytanaidd, sydd i'r gerdd hiraf yn y casgliad, sef pryddest aflwyddiannus Gruffydd *Trystan ac Esyllt*, a luniwyd i gystadlu ar gyfer coron Eisteddfod Genedlaethol 1902 (a enillwyd gan Silyn). Roedd gan Gruffydd obeithion mawr i'w bryddest ac roedd colli'r gystadleuaeth yn ergyd drom iddo, ac er na fyddai llawer yn dadlau gyda beirniaid 1902 bod pryddest Silyn yn rhagori ar un Gruffydd mae llawer i'w werthfawrogi yn ymdrech y bardd iau, sy'n gafael yn llinyn hanes y cariadon anffodus tua'i ddiwedd, â Thristan eisoes yn glaf yn Llydaw. Ymosodiad ar foesoldeb cul, ceidwadol yw'r gerdd (ffaith, o bosib, nad oedd at ddant y beirniaid). Er iddo gynnwys ambell un ohonynt yn ei gasgliad hwyrach *Caniadau*, nid ymddangosodd mwyafrif helaeth y cerddi yn *Caneuon a Cherddi* eto yn y gyfrol diweddarach ac maent yn ymddangos yma felly am y tro cyntaf ers dros ganrif, gan gynnwys *Tristan ac Esyllt*.

Aeth bron i ddwy ddegawd heibio cyn cyhoeddi cyfrol nesaf Gruffydd o farddoniaeth, *Ynys yr Hud a Cherddi Eraill* (1923). Yn y cyfamser roedd wedi dod yn dad, yn ddarlithydd ac yn bennaeth adran yn y brifysgol, wedi gwasanaethu yn y llynges yn ystod y Rhyfel Byd Cyntaf, ac wedi ennill Coron yr Eisteddfod Genedlaethol ar gyfer *Yr Arglwydd Rhys* (ei unig lwyddiant ym mhrif gystadlaethau'r Eisteddfod, ac un o bryddestau orau'r Gymraeg ar destun hanes Cymru, er i Gruffydd ei ddisgrifio fel "ymarferiad prentisaidd" yn ei ragymadrodd). Cerddi'r gyfrol hon yw rhai mwyaf adnabyddus Gruffydd, gan gynnwys *1914-1918* (sydd ymhlith y cerddi enwocaf yn y Gymraeg a luniwyd mewn ymateb i'r Rhyfel Byd

Rhagair

Cyntaf), *Thomas Morgan yr Ironmonger, Gwladys Rhys, Ywen Llanddeiniolen* ac eraill. Er bod cerddi cynharach y gyfrol gan gynnwys *Yr Arglwydd Rhys* ei hun yn dal i berthyn i linach Ramantaidd, mae'r cerddi yn ystod ac ar ôl y rhyfel yn dilyn hwynt tywyllach, mwy pruddaidd ei naws. Yn gerdd *Ynys yr Hud* ei hun fe welwn dadrithiad Gruffydd â Rhamantiaeth a'i disodli gan y ffrwd newydd hwn yn ei farddoniaeth.

Ynys yr Hud a Cherddi Eraill fyddai cyfrol olaf Gruffydd o farddoniaeth hollol wreiddiol, ond cyhoeddwyd *Caniadau* yn 1932. Y gyfrol hon oedd detholiad personol y bardd o'i yrfa farddonol hyd hynny; a cheir crin dipyn o ddyblygu rhyngddi a'r cyfrolau eraill (mae bron holl gynnwys *Ynys yr Hud a Cherddi Eraill* yn ymddangos eto yn *Caniadau*). Dim ond pedair cerdd nad oedd eisoes wedi ymddangos y cyfrolau blaenorol ymddangosodd yn *Caniadau*, sef *Y Gwestai, Cefn Mabli, Y Tlawd Hwn* a *Capten John Huws*. Roedd y rhain oll wedi ymddangos yn *Y Llenor* yn ystod y ddegawd flaenorol (I roi blas ar gyfoeth barddonol y cyfnodolyn hwnnw ar ei anterth, ystyriwch: ar y dudalen gyferbyn i *Y Tlawd Hwn* Gruffydd canfyddai'r darllenydd *Moelni* a *Llyn y Gadair* T. H. Parry Williams).

Er nad yw llyfryddiaeth farddonol W. J. Gruffydd yn fawr o'i chymharu ag eiddo llawer o feirdd, nid yw heb ei anawsterau llyfryddiaethol. Mae sawl un o'r cerddi'n ymddangos dan deitlau gwahanol ar adegau gwahanol, gyda mân newidiadau sydd, mewn rhai achosion, wedi'i gwrthwneud yn eu tro mewn fersiynau diweddarach fyth. Ffynhonnell y cerddi yn y gyfrol hon yw'r cyfrolau o gerddi a gyhoeddwyd yn ystod bywyd Gruffydd, ynghyd â'r cylchgronau a chyfnodolion eraill lle ymddangosodd y cerddi na chawsant eu cyhoeddi mewn cyfrolau. Defnyddiwyd ffynonellau academaidd yn enwedig cyfrol T. Robin Chapman ar Gruffydd yn y gyfres *Dawn Dweud* er mwyn adnabod rhai cerddi.

Yn 1992 cyhoeddwyd *Detholiad o Gerddi W. J. Gruffydd* dan olygiaeth Bobi Jones, sef yr unig lyfr o farddoniaeth Gruffydd i gael ei gyhoeddi rhwng marwolaeth y bardd a chyhoeddi'r gyfrol bresennol. Mae detholiad Jones yn debyg iawn i gynnwys *Caniadau*, ond â rhai cerddi hwyrach hefyd ymddangosodd ar ôl cyhoeddi'r gyfrol honno. Ymddangosodd y rhain i gyd yn *Y Llenor* rhwng 1932 ac 1944.

Mae pob un o'r cerddi a grybwyllir uchod wedi'u cynnwys yma ynghyd ag ambell gerdd gan Gruffydd nad ymddangosodd erioed mewn llyfr o'r blaen. Rydym wedi ymdrechu i greu casgliad mor gynhwysfawr â phosib o gerddi cyhoeddedig Gruffydd. Fel gyda phob prosiect o'r fath wrth gwrs, mae'n bosib bod ambell gerdd wedi'i methu; croeso i chi gysylltu â'r cyhoeddwr os wyddoch am rai.

Ble mae mwy nag un fersiwn o gerdd, ffafriwyd y fersiynau yn y cyfrolau dros y fersiynau mewn cyfnodolion, a'r cyfnodolion diweddarach dros y rhai cynharach.

Rydym wedi trefnu'r cerddi yn ôl dyddiad eu cyhoeddi, gan symud rhai er mwyn cadw osgoi i'r darllenydd orfod troi tudalen ar ganol cerdd lle bo hynny'n bosib. Rhoddwyd dyddiad i'r cerddi lle'r oeddynt yn hysbys; daw'r rhain naill ai 1) nodiadau'r bardd yn y gyfrol wreiddiol, neu 2) dyddiad cyhoeddi'r gerdd.

Ni roddodd y beirdd eu henwau o dan eu cyfraniadau unigol i *Telynegion*. Ein prif ffynhonnell wrth wahaniaethu rhwng cerddi Silyn a Gruffydd yn y gyfrol honno fu erthygl Pennar Davies "Gyda Men

Rhagair

yng Ngwlad Barddoniaeth: Cerddi Llencyndod W. J. Gruffydd" a ymddangosodd yn *Y Fflam* (Cyfrol 11; Awst 1952, tt.2-6); defnyddiwyd hefyd rai o'r ffynonellau eraill a grybwyllir yn y Rhagair i'r gyfrol hon. Cynhwyswyd cyfieithiadau Gruffydd o'r cyfrolau diweddarach, ond ag eithrio *Ymson Catullus* (a ymddangosodd yn ddiweddarach dan enw Gruffydd yn *Cymru* yn 1901) hepgorwyd y cyfieithiadau ymddangosodd yn *Telynegion* (o Heine gan mwyaf), gan nad oedd modd eu tadogi'n bendant i Gruffydd. Diwygiwyd y casgliad yn 2026 i ychwanegu dwy gerdd ychwanegol, *Tynged* a *Golau Gobaith*, a hepgorwyd yn wreiddiol. Os hepgorwyd cerdd arall, neu os tadogwyd un o gerddi Silyn ar gam, yna afraid dweud mai hollol anfwriadol fu hynny.

Rydym wedi diweddariadau'r orgraff mewn mannau e.e. goleu > golau, heddyw > heddiw, 'n awr > nawr ac ati, lle na fyddai gwneud hynny'n amharu ar fydr neu odl.

A. P. 2025.

Telynegion (1900)
I Awen y Cymry
O wir gariad calon tuag ati

Golau'r Dyddiau Fu

Fu y tonnau'n canu gobaith
    Ar y Fenai fin y nos?
Welaist ti obeithion newydd
    Yn y newydd wenlloer dlos?
Oedd y gwyll yn methu cuddio'r
    Golau yn y blwyddi pell,
Pan y mynnai serch ddymuno
    Toriad gwawrddydd dyddiau gwell?

Gwelais innau'r nos yn disgyn
    Dros ganllawiau aur y nef,
Gwelais wynder yn ei gwisgoedd,
    Clywais ganu yn ei llef;
Gwelais ddyddiau gwyn yng nghusan
    Lleuad Arfon ar y lli,
Gwelais yno gysgod gwannaidd
    Cusan cariad Men i mi.

Gwenodd llawer lleuad newydd
    Ar y Fenai yn ei thro;
Curodd llawer gwendon lwythog
    Gerddi'r dyfnder ar y gro;
Dywed imi, Fen anwylaf,
    Ydyw'r golau fyth yr un,
A'r dyfodol pell yn gwenu
    Llwydd i gariad mab a mun?

Ddoe a Heddiw

Gyda Men yng ngwlad barddoniaeth
    Noson leuad olau dlos;
Rhodio'n wylaidd ym mharadwys
    Serch y nos.
Adrodd hanes cariad cyntaf—
    Siom, ochenaid, cario'r groes;
Edrych draw trwy lân addewid
    Cariad oes.

Gyda Men yn gweld breuddwydion
    Am ddyfodol glas ei nen;
Llunio coron anfarwoldeb
    Am ei phen.
Ffarwel frwd rhwng Men a minnau,
    Dyblu'r gusan dro a thro,
Gorfod mynd—yr awr yn hedeg
    Ar ei ffo.

Deffro'r bore, cofio neithiwr,
    Gweld y nen yn dywyll erch
Clywed taran ffawd yn rhuo
    Toriad serch.
Torri'r freuddwyd a'r addewid,
    Gwywo'r goron am ei phen
Minnau yn yr heddiw caled
    Heb un Fen.

Ceir fersiwn o'r gerdd hon yn Cymru *yn 1900 dan y teitl* "Confessio Amantis", *ac un arall dan* "Ddoe a Heddiw" *yn 1908 ond gyda* "Gwen" *yn lle Men. Yr un yw'r cerddi heblaw hynny.*

Cloch y Bugail

Yn y gwanwyn, O Myfanwy,
    Rhodiet gyda mi;
Glas oedd lliw y clychau, feinwen,
    Fel dy lygaid di.

Mwyn oedd sibrwd, O Myfanwy,
    Hoff gyfrinion serch,
Melys oedd cyffyrddiad tyner
    Dy wefusau, ferch.

Rhoddaist i mi gloch y bugail
    Brydferth fel dy hun,
Dyfai'n wylaidd wrth dy gartref,
    Wyt ti'n cofio, fun?

Ffarwel roddaist im, Myfanwy—
    Ffarwel oer ddiserch.
Cedwais innau gloch y bugail
    I dy gofio, ferch.

Ddoe, wrth chwilio 'mhlith fy llyfrau
    Am dy lythyr di,
Gwelais flodyn bach gwywedig
    Yn fy Meibl i.

Cloch y bugail wedi gwywo'n
    Ddistaw wrtho'i hun:
Gwywo wnaeth dy gariad dithau,
    Fel dy flodyn, fun.

Menna Glan y Lli

Ar lan y Fenai dawel, ddistaw hwyrnos haf,
Fan mae'r tonnau'n wynion, unwaith eto af,
Gyda'r hen atgofion, troeon dyddiau fu,
Dyddiau caru Men y Minfor, Menna glan y lli.

Ar lan y Fenai dawel, awel rydd y môr,
Anadla ar y draethell nodau'r tonnog gôr,
Fel yn y dyddiau basiodd, dyddiau'm gwynnaf fri,
Dyddiau caru Men y Minfor, Menna glan y lli.

Yma yn yr awel, crwydra 'nghalon brudd,
At y pell orffennol gwyn fel canol dydd.
O na ddeuai eto ddyddiau gwyn i mi,
Dyddiau caru Men y Minfor, Menna glan y lli.

Ar lan y Fenai dawel, cwyd y don ei phen,
Yn goch gan liw'r machludiad, rhosliw gruddiau Men
Dyna liw ieuenctid, lliw y dyddiau fu,
Dyddiau caru Men y Minfor, Menna glan y lli.

Ar lan y Fenai dawel, tresi eurwallt Men
Chwifiai unwaith yma'n awel rydd y nen;
Ac mae hwnnw eto'n euraidd fel y bu
'Nyddiau caru Men y Minfor, Menna glan y lli.

Ar lan y Fenai dawel anfon neges wnaf,
Neges caru'r gwanwyn, neges gofid haf,
Ddoi di unwaith eto, er mwyn y dyddiau fu,
Dyddiau'th garu Men y Minfor, Menna glan y lli?

Sŵn yr Afon yn y Dolydd

Sŵn yr Afon yn y dolydd,
    Glas y coedydd uwch y lli,
Ffarwel wridog y gorllewin—
    Dyna gerais i.

Cân y dyfnder ar y draethell,
    Priodas gerdd y tonnog gôr,
Milfyrdd ddawns y gwynt yng ngwenau'r
    Lloer ar frig y môr.

Cu gen i rianedd Cymru
    Garant ddistaw furmur serch;
Gwn mai bywyd llawn o gariad
    Ydyw gorau merch.

Llawn o gariad ydyw natur,
    Cariad ddeddfa i'r lleuad dlos,
A thywyniad cynnes cariad
    Ddyru wrid i'r rhos.

"Cariad lawer iawn sydd orau,"
    Dyna adnod natur hen;
Gwell i thithau os bydd golau
    Hwnnw yn dy wên.

Fydd y tonnau'n cywilyddio
    O dan gusan bell y lloer,
Neu yr haul yn ofni cyffwrdd
    Min yr eira oer?

Y Seren

Mae'r Seren yn y nefoedd
    Yn dlos yng nghyfnos ha';
Mae'n bell ac oer, ond heno
    Mwyn wenu arnaf wna.
Meddyliais wrth fynd adref
    Fod hon yn eiddo i mi;
Ond syllodd arall arni,
    A gwenu wnelai hi.

Breuddwydiais am y seren
    A wenai uwch fy mhen,
Ond ni chawn ddringo ati—
    Hyhi oedd bri y nen.
Ar lawer noson lasoer
    Bu'n gwmni mwyn i mi,
Ond gwelais eraill hefyd
    Yn dilyn wrthi hi.

Meddyliais pan fawn unig
    Y cawn ei golau mwyn,
Mi genais aml i ganig
    Ym mreuddwyd gwyn ei swyn.
Bum unig, unig, unwaith
    Ar nos gymylog ddu,
Ond nid oedd yno seren
    I wenu arnaf fi.

Mi gerais eneth lawen
    Un olau fel y nen,
Ond gwelais un diwrnod
    Fod pawb yn caru Men;
Dywedais wrth fynd adref,
    "Mae hon yn Fen i mi,"
Ond syllodd arall arni—
    A gwenu wnelai hi.

Ymgollais yn ei chariad,
    Ond pell ac oer oedd Men,
Mi fethais ddringo ati
    I'r nefoedd uwch fy mhen.
Dilynais olau'i llwybrau
    Ym mhrudd-der gwallgof serch,
Ond O! Roedd eraill hefyd
    Yn dilyn ôl y ferch.

Mi yrrais gerddi iddi
    Ar lawer hirddydd braf,
A gwên oedd ateb Menna
    Yng ngolau gwylnos haf.
Ond pan y ddaeth y cymyl,
    I guddio'r glas uwchben,
Bûm i yn unig, unig,
    Heb olau gwenau Men.

Y Gerdd Di-Enw

Cas yw'r beddau gleision
 Er yn Lleindir Duw;
Oer yw'r gorffwys distaw
 Am mai angof yw.

Fan bu'r golau tyner
 Yn y llygaid byw,
Nos sy'n llwyd freuddwydio,
 Am mai angof yw.

Nos heb sêr na lleuad
 Distaw nos y bedd,
Cas yw gan fy nghalon
 Orffwys yn ei hedd.

Hedd, lle nad oes cathlau'n
 Hwian yn fy nghlyw?
Na, nid hedd ond uffern,
 Am mai angof yw.

Gaf fi olau'th wylnos
 Olaf, Menna lân?
Gaiff dy enw berlio'n
 Anfarwoldeb cân?

Tra bo 'nwylo egwan
 Ar eurdannau serch,
Cerdd dy gariad ganaf,
 Fen, anfarwol ferch.

Codaf fi fy mhabell
 Rywdro fin yr hwyr,
Ac i'r gwylnos crwydraf,
 I'm anghofio'n llwyr.

Bu gan Laura'r Eidal
 Betrarch fardd yn gaeth,
Rhywun fydd gan Fenna
 Ganodd ac a aeth.

Rhuo, Rhuo mae y Gwynt

Rhuo mae y gwyntoedd oer,
    Hedeg mae'r cymylau du,
Heddiw collais olau'r lloer
    Wyliai tros fy llwybrau i;
Tros y tonnau creulon aeth
    Fy mrenhines gerais gynt;
Clyw fy ngruddfan ar y traeth,
    Rhuo, rhuo mae y gwynt.

Aden wen y ddigwsg don,
    Ddygaist fy mrenhines lân,
Cwyno'n ddrylliog tan dy fron
    Mae dolefus gri dy gân;
Ail i ti yw 'nghalon brudd,
    Gura gerdd fy ngofid i;
Aeth fy mun dros ffiniau'r dydd,
    Hedeg mae'r cymylau du.

Aeth fy mun dros ffiniau'r dydd,
    I'r gorllewin tywyll, pell,
Crwydrodd dros y cefnfor rhydd,
    Chwilio, chwilio am gartref gwell.
Pan ddaw'n ôl i'w chartref hen,
    Garodd yn y dyddiau gynt,
Ni chaiff yno groeso'r wen—
    Rhuo, rhuo mae y gwynt.

Nid oes cartref iti mwy;
    Heddiw, unwaith lle bu'r gerdd,
Cwyna'r hwyrwynt gân ei glwy'
    Dros yr aelwyd welltog, werdd;
Tithau, riain, wyli'n hir
    Am y gŵr a'th garodd gynt,
Cadw'r tonnau ar y tir,
    Rhuo, rhuo mae y gwynt.

Ffarwel

Deigryn olaf ar ei bedd
   Cyn ymadael;
Atgof unwaith am y wedd
   Is y feinael;
Ar y bedd mae'r pridd yn llaith
   Gan fy nagrau;
Deigryn olaf, yna taith
   Dros y tonnau.

Gadael cartref cynta'
   Glwyfa 'nwyfron,
Gadael cariad yn y bedd
   Dorra 'nghalon;
Tyfwch, flodau, 'n wyllt a gwyn
   Ar ei beddrod,
Lili gain a gwyllt y bryn,
   Lliw y manod.

Deigryn olaf ar y pridd
   Unwaith heno,
Sychu'r dagrau ar fy ngrudd
   A ffarwelio.
Angof wedyn, cartre pell,
   Rhodfa newydd:
Dyna ddigon, milwaith gwell
   Bywyd llonydd.

Men

Mae'r awel yn y brigau
    Yn canu uwch fy mhen
Felodus gerddi 'nghalon
    Men, Men, Men.
O na bawb gyda'r awel
    Yn caru ei henw glân,
Ar draethell bell yng Nghymru,
    Gorffwysa'r tonnau mân.

Mae'r lloer dros furiau'r castell
    Yn synnu llu y nen
Â'r gerdd a ddysgodd gennyf,
    Men, Men, Men.
O dos, y wenlloer olau,
    A'm neges at y ferch;
Bydd fodlon fod am heno
    Yn llatai i fy serch.

Mae si'r munudau euraidd,
    Wrth ddawnsio ar aden wen,
Yn uno'r gân dragwyddol,
    Men, Men, Men.
Pa hyd y bydd eu telyn
    Yn eilio'r felys gerdd,
Ym myd y brad a'r gofid
    A chysgod ywen werdd?

A gaiff fy nghalon wirion
    Heb ddannod ac heb sen,
Ganu am orig eto
    Men, Men, Men?
Os cysgod ywen werddlas
    Ac angof fydd fy mri,
A'r gân yn fwy na'r cerddor,
    Men, mae'r oll i ti.

Cerdd y Gwanwyn

Mae gwyllt atgofion yn dy fynwes di,
    Lladmerydd hiraeth, hen ddeffroydd serch.
Pam, wanwyn, yn nwfn wyrdd dy newydd fri,
    Rhaid i ti gofio gaeaf mab a merch?
Mi welais heulwen gu dy ddyddiau glân
        Ar weunydd ac ar fryniau
        A dawnsiol gerdd dy donnau
    Ar dyner fron y llynnoedd mân.
O wanwyn dedwydd, annedwyddwch blin,
    Tymor aneglur wawr ac atgyfodiad,
Rhy chwerw oedd cusanau'th felys fin.
    A breuddwyd nosol oer dy hunllef gariad.

Ai beirddion oeddynt ganet gerdd dy fri
    Mewn llawer gwlad a hin, mewn llawer oes?
Ai meidrol oeddynt ganent mai tydi
    A leddfodd wallgof hiraeth eu dwfn loes?
Mi gerais unwaith gân dy adar llon;
        Ond prudd, gwynfanus nodau
        Sy'n ywen hen feddrodau
    Dechreuant lasu dan fy mron.
O wanwyn na roi byth i'r eiddew gwyrdd
    Ei gyn-ieuenctid ar hen furiau'r castell,
Paham y rhoi i'r hen atgofion fyrdd,
    Gysgodant trosof, ddail eu marw fantell?

Boed hydref bythol tros fy mywyd i,
    Lle gwisga'r coed eu holaf wridog len,
Lle gyr pob afon ddofn anghofus li,
    Lle na bo cerdd un fronfraith uwch fy mhen,
Lle'r distaw ddioddef, heb un fydol gân
        Ond cerddi'r helyg meinion
        Pan gyffwrdd yr awelon
    Huodledd byw eu tannau mân;
Boed yno deml ddistaw dan y gwŷdd,
    Lledrithiol allor heb un fflam yn olau,
A mi'n offeiriad sanct fy nghrefydd gudd
    Heb wynfyd gwybod ac heb benyd amau.

Yn ôl at Natur

Bore'r deffro—ni fu gwanwyn
    Yn ei wyrdd erioed mor hardd;
Ond mae rhew caredig gaeaf
    Wedi gwywo serch y bardd.

Bore'r deffro—mae'r ysbrydion
    Fu yn gwylio tros fy hun
Wedi hedeg; minnau'n ddistaw,
    Am mai breuddwyd oedd y fun.

Bore'r deffro—miwsig newydd
    Sydd yn seinio yn fy nghlyw;
Deffro wnes i wrando eto
    Nodau melys cerddi Duw.

Wedi caru merch y ddaear,
    Hiraeth i fy nghalon ddaeth
Am y cariad deimlais unwaith
    Cyn i 'nghalon fynd yn gaeth.

Cerais natur—ymfodlonais
    Ym mreuddwydiol fêl ei min;
Ond gwrthgiliais, fel fy mrodyr,
    Gwelais nef yng nglendid bun.

Cerais, ac anghofiais natur,
    Trosais mewn anfeidrol serch;
Tybiais weled tragwyddoldeb
    Ym melyster cariad merch.

Cariad merch—O dwymyn hunllef
    Hun anesmwyth noson ha',
Cenais ffarwel a'r dydd obaith,
    Dyna'm holaf brudd "Nos da."

Cerais di, O natur olau,
    Caraf eto swyn dy wedd,
A bydd dedwydd fy mhriodas
    Yn dy freichiau yn y bedd.

Merch y Brenin
In Memoriam O. A. E.

Ar farch o liw yr eira
   A'r blodau yn ei bron,
Trwy'r dyffryn pell ac unig,
   Pwy ydy hon?

"O dduwies y gorllewin
   Mewn gwisg o bali gwyn,
Beth geisi yma heddiw
   Ar lawr y glyn?

Mae'th lygaid oer yn greulon
   Ac amnaid yn eu swyn,
Yw'th neges i wrando'r adar
   Yng nghôr y llwyn?

"Mi gerais fab y dyffryn—
   Mae'r adar yn fud i mi;
Caiff ddilyn merch y brenin,
   A'th adael di."

"A hoffaist ti fyfinnau?
   Gaf fi dy ddilyn di?
Daw arall i geisio Arthur—
   Brenhines Bri!"

"Na, ceisio'r gorau'n unig
   Yw'm neges yn y glyn,
Efe gaiff rodio gerddi
   Y palas gwyn."

* * *

Ffarwel, fy Arthur annwyl,
   Arall fy enaid i,
Pan ddaw'r frenhines honno
   Ni chenfydd di.

Yng nghwmni merch y brenin
   Yr aeth o'r tywyll lyn,
A minnau heb fy Arthur
   Yn wylo'n syn.

Endymion

Hen hanes y Groegiaid am Endymion oedd ei fod yn caru Diana, duwies y lleuad; ond morwyn oedd Diana i fod bob amser, a rhaid oedd i'r neb a'i carai ei charu o bell. Apollo, brawd Diana, yw'r "eurwallt brydydd", a gŵr boenydiwyd yn uffern am garu Juno, gwraig Iau, oedd Ixion.

  Mae'r awel yn y goedwig
    Yn caru dail y coed,
  Mae'r lili ger yr afon
    Yn caru ei brawd erioed;
  Erioed ni bu yr awel
    Yn ceisio cariad gwell:
  Paham y rhodd y duwiau
    I minnau garu 'mhell?

  Mae'r bugail gyda'i ddefaid
    Yn canu cerdd ei serch
  Mae'n canu am fod ateb
    Yng nghalon bur y ferch;
  Os ydyw Amaryllis
    I fugail gwael yn well,
  Mae'n rhaid i mi roi'm heinioes
    I boeni am gariad pell.

  Mi glywais am a garodd
    Brydferthwch Gwener gu,
  Paham na allwn innau
    Fel pawb, ei charu hi?
  Dros ymyl y mynyddoedd
    Y cyfyd pryd y lloer,
  Ymhell, bell yn y glesni
    Fy nuwies euraidd oer.

Dros fin y cymyl arian
   Fe wena Diana lân,
Ond O, wrth weld ei hwyneb
   Distawa nodau 'nghân.
Mae trwst y storm ddisgynna,
   I guddio'r glesni'n well;
O na fodlonwn eto
   I beidio caru 'mhell?

Dychmygais weld fy hunan
   Mewn cwsg yn Nelos werdd,
Lle cana'r eurwallt brydydd
   Bob nos ei nefol gerdd;
Daeth hithau yno hefyd
   A gwenodd arnaf fi,
Ces innau gyffwrdd ymyl
   Ei gwisg sidanaidd hi.

Mae cosb am garu duwies,
   Mae merched dyn yn rhydd,
A gwn caf finnau ddioddef
   Erch boen Ixion brudd;
Ond cafodd ef ei nefoedd
   Yng nghusan Juno gu,
Dioddefwn innau, Dian,
   Pe cawn dy gusan di.

Mi wn ym mhoenau 'nghariad
   Mai neges imi roed—
Y gŵr a garodd Ddian,
   Offeiriad fu erioed.
Mi godaf deml farmor
   Ym mhurdeb gwenau'r lloer,
Lle caiff y mab ddihangfa
   Fu'n gorfod caru'n oer.

Hawdd iawn yw caru'r feinwen
    A gwrddaist yn y coed;
Hawdd iawn yw ennill honno
    Mae'n fwyn a thlos erioed;
Ond rhyfedd fydd dy fywyd
    Os gelli garu'n well;
Offeiriad Dian burwen
    Sy'n gallu caru 'mhell.

Yr Hen, Hen Hanes

Rhwng y dail a'r blodau'n
    Rhodio yn y coed,
A'i chalon yn ddi-gadwyn,
    Ysgafn fel ei throed,
Gwelais feinir ieuanc,
    Rhiain ugain oed;
Gwn na theimlodd honno
Archoll trist yn blino
    Ei chalon hi erioed.

"Ffôl yw'r fun," meddyliai,
    "Deimla anaf serch;
Calon lân ddigadwen,
    Dyna orau merch;
Poenus ydyw cariad,
    Gelyn creulon erch;
Gwell yw canu, canu,
'N iach, a pheidio caru
    Cyfaill gwael yw serch."

Gwelais rhwng y blodau
    Ben breuddwydiol bardd,
Gŵr na charai unpeth
    Ond ei gân a'i ardd.
"Nid wy'n caru," meddai,
    "Wedd un riain hardd;
Poen o garu meinwen,
Bedd dan gysgod ywen,
    Dyna'n unig dardd."

Ac yn y coed y gwelsant
    Ei gilydd lawer dydd;
A meddwl wnaeth y prydydd
    Mai gallu rhyfedd sydd
Yn llygaid meinwen annwyl
    I wneuthur dyn yn brudd,
A theimlodd hithau hefyd
Nas meddai mwyach wynfyd
    Calon meinwen rydd.

Gan fod poen yn blino
    Calon fach y fun,
I gael gwared bythol
    Rhoddodd hi i'r dyn.
Teimlo'r ddwy wnâi yntau'n
    Ormod baich i un,
A rhodd, er mwyn ysgafnu,
I'r feinwen oedd yn garu,
    Ei galon lawn ei hun.

Blwyddyn Serch

Glas y gwanwyn, cochni hydref,
    Llymder gaeaf du,
Dilynasant ôl ei gilydd
    Er pan gwrddais di.

Gwelais di ar lawnt y gwanwyn
    Pan oedd serch yn fach,
Gwelais di ar ddydd hirfelyn
    Glân Mehefin iach.

Pan oedd hydref wedi cuddio'r
    Coed dan wridog len,
Wyt ti'n cofio oedfa'r afon
    Is y manwydd, Men?

Gwelsom loer y gaea'n gwenu
    Cariad ar y lli;
Yr oedd golau yn dy lygaid
    Na ddeallwn i.

Gaiff y gwanwyn ganu eto
    Fore gerdd yr ardd,
Gaiff yr hydref wrido'r manwydd,
    Tithau gyda'th fardd?

Fu amheuon ar dy lwybrau,
    Menna, ambell ddydd?
Deimlaist ti fod geiriau cariad
    Lawer tro yn brudd?

Tybiais innau'r dail yn gwywo
    Ganwaith am fy mhen;
Bu rhyw ysbryd yn cynghori
    Peidio caru Men.

Ond mae atsain oesau filoedd
    Yn dy lais i mi,
Gwelais dragwyddoldeb ganwaith
    Yn dy lygaid di.

Fun fy nghariad, nid oes marw
    Byth yn aros serch,
Bythol wyrdd yw prennau deiliog
    Cariad mab a merch.

Nos Da

Mae'r oriau wedi hedeg,
    A'r nos yn crwydro 'mlaen;
Rhaid mynd, mae cri'r ddylluan
    Yn galw tros y waun.
Un gusan eto, gariad,
    Dan leuad lawen ha,
Rhaid canu ffarwel wedyn,
    Un gusan, a Nos Da.

Nos Da, mae sŵn yr awel
    Yn rhyfedd yn y coed,
Ai tybed fu'r geiriau
    Yng nghoed y Waun erioed?
Nos Da am wythnos eto,
    Un wythnos hirfaith brudd;
Ac yna, nos y gweunydd
    Gaiff ganu cerddi'r dydd.

Nos Da hyd hynny, gariad;
    Yng nghysgod clyd y coed
Cyfrinach gaiff yr awel
    Felysach nag erioed.
Gaiff y dydd hwnnw wawrio,
    O awel noson ha?
Gaf finnau'r gusan olaf,
    Gan Menna, a Nos Da?

Nos Da am wythnos, gariad,
    Mae newid yn y byd,
Mae'r dyfroedd yn ymsymud
    A'r sêr yn troi o hyd.
Fydd Men yn gariad imi,
    Yn ffyddlon fel o'r blaen,
Yn disgwyl am fy ngweled
    Yng nghysgod coed y Waun?

Gair o Bell

Gwenu mae y lloer yn ddisglair
    Heno uwch fy mhen,
Wyt ti'n cofio'r lloer yn gwenu
    Noson arall, Men?

Gwena heno ar fryniau Arfon,
    Ar dy gartre di,
Gwên yw hi, a gwên wyt tithau,
    Men, fy mywyd i.

Er im' weled tlysni'r estron
    Oddicartre 'mhell,
Gweled rwyf fod heirdd rianedd
    Bryniau Cymru'n well.

Yn Eryri hen mae 'nghalon
    Heno gyda thi;
Wyt ti'n meddwl, fun fy enaid,
    Beth amdanaf fi?

Cofio'th wên a gwawr dy lygaid—
    Hiraeth eto ddaw
Am dy gwmni, Fen anwylaf,
    Ar Eryri draw.

Cofio llawer awr o'th gwmni,
    Gweled lloer y nos,
Gyfyd hiraeth am dy weled
    Eto, Menna dlos.

Olwen Glan Geirionydd

Fe ruai'r corwynt balch yn hyll
    Wrth ymladd hefo'r eigion,
Ond grwydrai golau draws y gwyll
    O gartref gem fy nghalon;
Yn swyn y golau, llesmair serch
    Ddaeth tros fy mron aflonydd,
A gwelais olau gwenau'r ferch—
    Y ferch o Lan Geirionydd.

Gorweddais ar y draethell laith,
    A hiraeth lond fy nghalon,
I geisio deall trystfawr iaith
    Cyfrinach ddofn y wendon;
A chwynfan yr ewynnog don
    Wrth guro ar y glennydd
Roi lais i'r hiraeth yn fy mron
    Am Olwen Glan Geirionydd.

Parhau wnâi'r golau dros y lli
    I wasgar ei belydrau;
A gobaith roes i'm mynwes i
    Wrth ddawnsio ar y tonnau;
A gofyn wnes i'r ewyn gwyn,
    Gofleidid gan ystormydd,
Pa bryd cawn roi fy mreichiau'n dynn
    Am Olwen Glan Geirionydd.

Ond trwy'r cymylau wedi hyn
    Pelydrai llewyrch cynnes
I atgyfodi'r breuddwyd gwyn
    Fu farw yn fy mynwes;
Yn sŵn y môr ffarweliodd cur
    A 'ngarw laith obennydd;
Murmuai'r gwynt fod calon bur
    Gan Olwen Glan Geirionydd.

Anghofiais far y môr a'r gwynt
    A chrwydrais mewn perlewyg
Yng nghwmni awel ar ei hynt
    I ogof bell fynyddig;
Ar hyd y wlad disgynnai'r glaw,
    A'r nos oedd dros y broydd,
Ond nef i mi oedd gwasgiad llaw—
    Llaw Olwen Glan Geirionnydd.

Ac unwaith eto 'ngeneth wen
    A'm gwnâi yn ddwyfol ddedwydd,
Pan deimlwn dyner bwysau'i phen
    Yn gorffwys ar fy ysgwydd—
Anwylo'r gwallt sydd fel y nos
    Tros bryd fel eira'r gweunydd
Cusanu gwrid y wawr ar dlos
    Rudd Olwen Glan Geirionnydd.

O Olwen annwyl, rhoist i'th fardd
    Baradwys yn dy gusan,
A maddau iddo, eneth hardd,
    Os gwnaeth anghofio'i hunan;
Roedd gwynfa yn yr ogof ddu
    Yng nghesail lom y mynydd;
Yw'r atgof am y fan yn gu
    Gan Olwen Glan Geirionnydd?

Pa iaith all draethu cyfrin swyn
    Curiadau calon ffyddlon?
Ni chreodd Duw un llais mor fwyn
    Â geiriau tlws fy nwyfron.
F'anwylyd brydferth, pe cawn dân
    Rhyw awen bur ysblennydd,
Mi dreuliwn ynni f'oes mewn cân
    I Olwen Glan Geirionnydd.

Cedwch Allan y Wawr

"Keep out the grey dawn." —Olive Schreiner.

Rhwng muriau oerion fy ngharchar
    Mae f'enaid yn hoffi bod,
Yng nghwmni fy nall ddychymyg
    Heb obaith na chanu na chlod:
Ffarweliais â phur olau'r nefoedd,
    Fy nghell ydyw 'nghydfyd yn awr;
Rwy'n ofni fod rhyddid yn agos—
    O cedwch allan y wawr.

Mae sŵn cadwynau'n ymddatod,
    O na rodder rhyddid i mi,
Gwell gennyf yw aros yn ddistaw
    Yn dawel farw heb gri.
Tlws, tlws yw goleuni'r nefoedd
    Yn disgyn yn gariad i lawr,
Ond beth os yw'm llygaid yn ddeillion?
    O cedwch allan y wawr.

Mae 'nghell yn balas brenhinol
    O bali a lliain main,
Y mur a'r nen sydd ysblennydd
    A llawer i gerfiad cain;
Rhag dangos y muriau'n foelion
    Ar gefyn ar fur ac ar lawr,
Rhag troi fy mharadwys yn uffern,
    O cedwch allan y wawr.

Mae'r eilun euraidd a'i allor
    Yn nüwch dedwydd y gell;
Cadd aml i ingol addoliad
    A llawer dyhead pell;
Ces nefoedd wenaf y ddaear,
    Ar fy ngliniau lawer i awr,
Ond gwell i mi beidio ei weled,
    O cedwch allan y wawr.

Tynged

Mae gofid yn nhawelwch gwyll y nos,
    Pan eistedd hi tros ddyfnder pell y lli,
    Yn brudd fel dail gwywedig coron bri,
Neu'r ddelw wen yn adfail yn y ffos.
Roedd gofid distaw dan bob seren dlos
    Ym mron y môr pan heddiw gwelais hi
    Yn rhodio'r traeth yn sŵn y tonnog li
A'i gwedd yn wyw lle gynt y gwenai rhos.
Roedd alaw glwyfus brudd y tonnau pell
    Yn suo'n oer pan ddwedais wrth y ferch
      Fod rhaid ymadael, pan y llysg y nyth,
Fel yr eryrod. Gwyddwn mai mil gwell
    Fai ymgymodi eto wrth allor serch—
      Ond murmur wnâi y tonnau dwys,
        "Am byth!"

Diwedd y Daith

Bu glesni byw dy ieuanc ddydd
    Yn dawnsio dan dy aeliau,
A rhosliw oedd dy dyner rudd
    Fel gwawrddydd ddigymylau;
Ti droediaist ar y gweunydd hyn
    Yn eneth deg osgeiddig,
Ac ail i'th wallt, ym mherthi'r glyn,
    Oedd tresi'r banadl eurfrig.

Nac wyla golli'th ieuanc hoen
    Ar lwybr y blynyddoedd,
Dihangodd nwyd, tawelwyd poen,
    A'th ieunctid, gwagedd ydoedd.
Cei atgo'r gwanwyn heb ei bang,
    Cei haf heb wyllt freuddwydion,
A'r hydref ni ad ôl ei sang
    Ym mrig dy goedydd crinion.

Cadd natur orau'r dyddiau gynt,
    Dy lais, dy liw, dy gariad.
Dy lais sydd eto'n sŵn y gwynt
    Yn murmur dy ddyhead
Glas liw dy lygaid sydd o hyd
    Yn gwenu ar fron y nefoedd;
Nac wyla golli'th dlysni drud
    Ar lwybr y blynyddoedd.

Os llais y byd dy foli fyn
    Yn nhlysni dy ieuenctid,
Mil gwell yw'r dyddiau distaw syn
    Ar hwyrol lan y gweryd;
Cei wedyn cwmni Natur wen
    Dan wenau'r bythol Heddiw,
Pan rwygo Duw y dywell len
    Wahana'r Oedd a'r Ydyw.

Yr Eiddew yn Llatai

Mae'r eiddew ar furiau y castell
    Yn crymu yn wylaidd ei ben;
Anfonaf un ddeilen yn llatai
    O gariad fy nghalon at Men.
Mae meillion y dolydd gwyrddleision
    Yn chwerthin yn wyneb y dydd;
Ond ni fedrant iaith fy nghyfrinach,
    Mae meillion y dolydd yn rhydd.

Mae'r eiddew yn gaeth ar y muriau,
    A chaeth yw fy nghalon i Men;
Mae'n gwasgu at galon y meini,
    Wrth geisio dyrchafu i'r nen;
Mae'r eiddew yn gwenu ei neges
    Yn newydd bob bore i mi,
Rwyf finnau yn ceisio dyrchafu
    Yng nghariad ei chalon bur hi.

Mae'r eiddew trwy'r flwyddyn yn wyrddlas,
    Mewn gwanwyn a hydref a haf;
Mae'n anodd i ddeilen serch wywo
    Pan fyddo'r galon yn glaf;
Mae aml ochenaid yn tystio
    Mai claf yw fy nghalon drist i;
Rwy'n anfon un ddeilen o eiddew
    Hafwyrddlas o'm hiraeth i ti.

Circe

Mae'n rhywle, rhywle ynys unig
    Yng nghanol gwinddu donnau'r aig,
A'r llongau gwynion gyrchant beunydd
    Fel adar mudion tua'r graig;
Y dduwies wen sy'n canu yno
    A'r delyn felys gwyna'n wan
Rhwng gerddi gwyrdd y palmwydd iraidd
    Sy'n siglo'n gysglyd ar y lan.

Y morwr prudd o'i wlad bellennig,
    A swynir gan y felys gerdd;
O flaen yr awel leddf fe leda
    Ei hwyliau tua'r ynys werdd;
Fe gura'r tonnau groeso iddo
    Pan nofia'n nwyfus yn ei côl;
Ond byth ni churant iddo ffarwel
    I'w gludo eilchwyl yn ei ôl.

Y fun a'i carodd yn y dwyrain
    A wylia'n arthrist ar y lan,
Ond ni rydd duwiau'r nef wrandawiad
    I gwynfan brudd ei gweddi wan;
Daw'r flwyddyn a'i thymhorol gylchdro,
    A'r lloer fydd newydd lawer tro,
Ond ef, dros lwybrau llaith y cefnfor,
    Ni ddychwel mwyach tua'i fro.

Mi grwydrais innau tros y dyfnfor
    Heb ddweud ffarwel â'm meinir wen,
A'r tonnau glas yn taflu cusan
    I'r glesni dyfnach oedd uwchben;
O'r ynys bell y crwydrai'r alaw
    Yn felys hudol tros y lli,
A hwyliais innau yn fy hunllef
    Yn atsain ei melyslais hi.

Mae'r gân yn oernad yn fy nghlustiau,
    A chwerw'r gwaddod gwedi'r gwin,
A minnau'r ynfyd fynnais yfed
    O gusan ei gwenwynol fin,
Mae'r llong yn pydru dan y creigiau,
    A'r genlli'n rhuo byth heb ball,
Mae'r dduwies yn oer wenu arnaf,
    Ac "Aros, aros," llefa'r fall.

Golau Gobaith

Fel gwyliwr unig uwch y tonnog li
    Pan gwyd y lleuad newydd uwch ei ben,
    Ac yntau, dan ysblander golau'r nen,
Anghofia frath ei boen a'i chwerw gri,
Felly, pan syllaf i dy lygaid di,
    Yn oriau hapus serch gyfrinion, Men,
    Daw cysgod tragwyddoldeb ar y llen
A chilia'r ddaear o fy mywyd i.
Pan ballo heulwen olau'r dyddiau gynt
    A ninnau'n farw mewn breuddwydiol hun,
Ar fron pell nefoedd ein daearol hynt
    Disgleiria hwyrol obaith meibion dyn,
Lloer lân prydferthwch, lleufer gwyn y gwir
Er duo'r nen ac oedi o'r wawr yn hir.

Ymson Catullus
(Ei ffarwel i Lesbia)

Drist Gatullus, na fydd mwyach
    Ddifyr yn dy chware ffôl
Cred na ddaw yr hyn a gollaist
    I dy fywyd byth yn ôl.

Gwyn y gwenai heulwen unwaith
    Ar dy fywyd hapus di,
Pan ddilynet droed y rian
    I bob man yr elai hi.

Gwell y ceraist ti dy feinwen
    Nag erioed y carwyd merch;
Dyddiau mwynion hen helyntion
    Gefaist ym Mharadwys serch.

Dyddiau geraist ti, Gatullus,
    Dyddiau hefyd garodd hi—
O, fe wenodd heulwen unwaith
    Ar dy fywyd hapus di.

"Nid yw hi yn caru mwyach;"
    Tithau fardd, na châr yn hwy,
Na ddilyna'r fun ddihanga,
    Paid â chwyno dan dy glwy.

Ffarwel, gariad, oer yw'm calon,
    Ni ofynnaf am dy serch;
Os yw'th fardd yn gas i'th galon,
    Ni'th ddymuna, fwyna ferch.

Pan ddaw neb i lanw'r orsedd,
   Yn dy fron, adewais i;
Pan fo pob mab wedi'th adael,
   Oer dy galon, gwae i ti.

Pwy fydd serchog i ti mwyach?
   Pwy'th feddylia di yn hardd?
Pwy a'th gara eto, feinwen?
   Pwy ddywedi fydd dy fardd?

Pwy rydd gusan ar dy ruddiau?
   Pwy ymwasga â thi mwy?
Oer adewir di dy hunan.
   Tithau fardd na châr yn hwy.

Adfeilion

Mieri gwyllt a drain sy'n dringo'n awr
   Ar draws y drws, lle gynt y curodd Gwen;
   Y cegid marwol gwyd yn hyf ei ben,
A'r we drahaus ymnydda ar y llawr;
Ym molltau'r drws, pan wena'r gyntaf wawr,
   Mae griddfan athrist. Ond heb ofn un sen
   Tu fewn i'r dorau llwydaidd, fry i'r nen
Dyrchafa cân y bardd, a'r cyffro mawr
Ar ddrws ei garchar gell ni wrendy byth.
   Mae'r byd yn cwyno a phrysuro draw,
   Ond i freuddwydion herwr Gwen ni ddaw
Na gwres yr haul na rhu y gwynt pan chwyth.
   Os crwydri yno, Gwenno, ambell ddydd,
   Na chais ad-godi muriau'r adfail prudd.

(1901)

Caneuon a Cherddi (1906)
I fy Nhad a Mam
yn arwydd bychan o
fy Serch atynt.

Allor Awen Cymru

Mi geisiais gyweirio fy allor,
　　Ar fangre yn wyrddlas gan goed,
I ddal yn ei gwylfa nes pallo'r
　　Hir ddyddiau a chadw eu hoed;
I aros nes cilio o Gymru
　　Y galon adfydus ei chri,
Nes marw o'r awen gâr drymru
　　Y gwynt ar y lli.

Mi huliais hi â mil perarogledd,
　　O wledydd y dwyrain a'r wawr;
Mi llwythais hi â phinwŷdd y gogledd,
　　A gwymon y moroedd maith mawr.
Rhoes Rhufain a Groeg eu trysorau,
　　Eu mêl a'u grawnsypiau yn llu,
A ffrwythau diwywo tymhorau
　　Yr oesau a fu.

O Helen y niwloedd, a Sapho,
　　A Lesbia anfarwol dy rudd,
Anwylion yr Awen tra caffo
　　Yr Awen ei hallor yn rhydd;
Semirem a Phaedra golledig,
　　Fu farw'ch cariadau a'ch beirdd?
Mi'ch gwelais, rianedd gwywedig,
　　Yn ieuainc a heirdd.

O feysydd caregog y mynydd,
  O dywod hallt-felyn y traeth,
O'r cefnfor diffrwyth a digynnydd,
  Yr aberth i'm hallor a ddaeth;
O ochrau dihedd yr Elidir,
  Mi gesglais yn hyf ar bob llaw
Gymylau y niwloedd ymlidir
  Gan oerwynt a glaw.

Mi gesglais yn wylaidd hanesion
  Am wlad yr Iorddonen a'r Groes,
Gorhoffedd a rhyfedd anwesion
  Y gŵr garodd grogbren a loes;
Gogoniant ei dristion gymheiriaid
  Mewn llawer i Nasareth sant,
Atgasrwydd yr anghrist offeiriaid
  Crefyddol eu mant.

Mi wyliais y llanc yn aredig
  Ar dalar yn nannedd y glaw,
A chamre ei feirch yn flinedig,
  A'r aradr yn drom yn ei law;
Mi wyliais ei ieuainc freuddwydion
  Cyn chwythu o'r gwyntoedd yn groes,
Cyn teimlo'i obeithion yn llwydion,
  A'i wiwfryd yn loes.

Mi sefais yn nechrau'r blynyddoedd
  Yng nghymod yr heulwen a'r dail,
Cyn troi o gysgodau'r mynyddoedd
  Dros ruddiau y llynnoedd di-ail;
A rhengoedd y gwyllt ryfeddodau
  A welais yn araf bellhau,
A lluoedd aneirif gysgodau
  Yn araf amgau.

Fel troediad di-sŵn y tymhorau
    Wrth basio dros feysydd a gallt,
Dihidliad digymar drysorau
    Awelon sy'n felys a hallt;
Fel breuddwyd anghyffwrdd cariadau,
    Aeth heibio yr hen, ac nid oes
O atgof y marw deimladau
    Ond gofid a loes.

Balchder Teiroes

Mae'r haf yn breuddwydio
    Ym mhlasdy y coed,
A melys yw cariad
    Yn ugain oed,
Pwy wrendy yr ieuanc
    Pan gyfyd ei lef,
Pensaer y cymylau
    A chestyll nef?

Duw, maddau falchder
Ieuenctid llon;
Mae serch yn ei gwpan
A'r haf yn ei fron.

Mae'r hydref yn lliwio
    Y dail ar y gwŷdd,
A lleddfu mae chwerthin
    Yr awel rydd.
Pwy gofia demtasiwn
    Y blwyddi a'u nerth,
A'r balchder 'rôl dringo
    Y creigiau serth?

Duw, maddau falchder
    Y deugain mlwydd;
Mae'r byd yn y galon
    A melys yw llwydd.

Mae'r gaeaf mewn tristwch
    A'r brigau yn llwm,
Yn plygu'n ddigalon
    Dan ofid trwm.
Pwy edrydd ddoluriau
    Y blwyddi di-wên,
A llwybrau mieri
    Y gofid hen?

Duw, maddau falchder
    Henafgwr gwan;
Mae nef yn y galon,
    A bedd yn y llan.

Creigiau Penmon

Mi af oddi yma i Ynys Môn,
    Cyn delo gaeaf eto;
Mae yno fiwsig dan bob llwyn,
    Fel tannau mwyn yn tiwnio.
A meindon leddf ar lawer traeth,
    A hiraeth lond ei chalon
Am ysgafn droed yr wylan wiw
    Sy'n byw ar greigiau Penmon.

Caf wylio'r haf yn Ynys Môn
    Yn huno tros y meysydd,
Ac atgof hen freuddwydion dan
    Fwyth sidan ei adenydd;
A chof am ryw awelig fach
    Roes iddo lanach calon,
Yw unig obaith blodyn gwyw
    Sy'n byw ar greigiau Penmon.

Je Pleure Les Lèvres Fanées
(Yn ôl Maeterlinck)

Rwy'n wylo am finion gwywedig
    Na chawsant un gusan erioed,
Breuddwydion orffwysa'n golledig
    Dan dristwyw hydrefol goed.

Y glaw bob dydd ar y gorwel,
    Yr eira bob dydd ar y dellt;
Wrth ragddor gaeedig fy mreuddwyd
    Gorwedda'r blaidd ar y gwellt.

Fe sylla i'm henaid blinedig,
    Fe chwilia'm gorffennol di-ha
Am waed yr ŵyn a lofruddiwyd,
    Y gwaed a dywalltwyd ar ia.

Y golau a wywa'r blodeuyn,
    Golau trist-unig y lloer,
O'r diwedd oleua yn araf
    Fy mreuddwyd newynog, oer.

Ymddangosodd dan y teitl "Breuddwydion" yn Cymru *yn 1902.*
Cyfieithiad o'r teitl Ffrangeg yw llinell gyntaf y gerdd.

Ar yr Allt

Pand anghall na deallwn
Y bywyd hir a'r byd hwn?
—*Siôn Cent*

I.
Daeth Gwyll yr Hydref eto dros y tir,
Gan guddio'r Byd â'i ruddem Fantell hir,
    Fe ddarfu Cri yr Adar yn y Coed,
A chlyw, mae'r Wylan heno'n lleisio'n glir.

II.
O flaen y distaw Niwl hyd ael yr Allt,
Ym mherarogledd Tarth hydrefol hallt,
    Mi'th welais ddoe yn cerdded yn y Gwyll,
Ond Atgof cynnar Mai oedd yn dy Wallt.

III.
Mil croeso i Gusanau'r Hydre'n llaith
Gan Gariad cyfrin y Tymhorau maith,
    Mil croeso i Tithau, Ferch y Gwanwyn gwyrdd,
A mêl Gusanau'r Hydref yn dy Iaith.

IV.
Pa beth i Ti yw'r sŵn ym Mrig yr Yd,
Pan dŷr y Cryman drwy y Rhengau mud,
    Neu Gyfoeth y Grawnsypiau addfed, llawn,
Yn dwyn eu Gwobrau cyfiawn yn eu pryd?

V.
A beth i Ti yw Lliwiau'r Hydre'n awr,
Pan sefi'n Adlodd gwyrdd y Meysydd mawr,
    Wrth Ddorau llydain Ysguboriau'r Wlad,
Pan syrth y Ffustiau'n flinion ar y Llawr?

VI.
Nid eiddot Ti yw Miwsig Medi brudd
Na'r Niwloedd cochion wyliant Angau'r Dydd,
    Nid eiddot Ti'r diweddar Flodau llesg
Yn dwyn eu distaw Benyd dan y gwŷdd.

VII.
Dy eiddo Di yw Mai yn gwysio'r Haf,
Cyn teimlo o'r Galon Fêl y Galon glaf;
    Dy eiddo Di yw Trem dihalog Wawr
Morwyndod Dyddiau clir Mehefin braf.

VIII.
Dy eiddo Di'r Breuddwydion yn y Coed,
Pan chwery'r baban Ddail o gylch dy Droed,
    Pan ddysg y Blodyn a'r Wenynen lon
Gywiro gyntaf eu tymhorol Oed.

IX.
Pa bryd y dysgodd d'Atgof di ei Swydd,
A sut daeth Hiraeth i dy Drem mor rwydd,
    Pa fodd daeth Tarth yr Hydref i dy Wallt,
A Tithau eto'n Blentyn deunaw mlwydd?

X.
Pan etyl y Crochennydd Sŵn ei Droed
Wrth droi ei Lestri breuon ar y Coed,
    A synna ef wrth weld ei olaf un
Ac ynddo Ôl y Gwin na chadd erioed?

XI.
A deifl efe i'r Llawr y Llestr drud
Am feddu Peraroglau Gwinoedd Hud,
    A sathr efe yn ddibris dan ei Droed,
Mewn Ofn neu Ddigter, Lwch y Merthyr mud?

XII.
A raid i Tithau, Eneth ddeunaw oed,
Yn îr fel Deilios llaith gwanwynol Goed,
   A raid i Tithau ddwyn dy Benyd blin
Am feddu Blas y Gwin na chêst erioed;

XIII.
O Wledd y Dyddiau maith o Oes i Oes
Dy Dadau a fwytasant, ac ni roes
   Y Sawl sy'n nyddu Edau Einioes Dyn
O'i holl Drysorau'i gyd i Ti ond Croes.

XIV.
Bwytasant hwy yn hyf Rawnsypiau Serch
Heb gofio enbyd Awr Dialedd erch;
   Gadawsant iti'n Waddol Flas y Gwin
A'th Etifeddiaeth ydoedd Melltith Merch.

XV.
Sawl tro hyd Oriau'r Wawr, yn Sŵn y Wledd,
Clybuwyd Llais dy Dadau uwch y Medd?
   Sawl tro cwympasant gan eu Hoen yn flin,
A Phleser yno'n crynu ar eu Gwedd?

XVI.
Sawl tro gwerthasant y Dyfodol gwell
Am Foethau heilltion eu cyfrinach Gell?
   A Thithau'n Nghroth yr Oesau'n disgwyl Gwawr
Ar Ddyddiau niwlog d'Enedigaeth bell.

XVII.
Mi welais yn dy Lygaid Fflach y Gad,
A Nwydau poethion Rhyfel, Llid a Brad,
   A chofiais am dy Dadau cyn dy fod,
Ryfelwyr hyf yn Rhengau'r bell Grwsâd.

XVIII.
Y Llaw fu'n medi'r Gelyn sydd yn Llwch
Dan Bwysau oer y Llenni Marmor trwch;
   Diwallwyd Syched Rhyfel yn y Bedd
A'u Meibion drodd eu gwaedlyd Gledd yn Swch.

XIX.
Ond nid anghofiodd Natur byth ei Chas,
Er llwyr anghofio o'i Phlant eu huchel Dras;
   Daeth Pigiad Nwydau i'r Aradrwr tlawd
Wrth aru Talar hir y Tyndir glas.

XX.
A Thithau'n wrthodedig gan y Byd,
Ni chei yn Nyddiau'th Boen un Aelwyd Glyd,
   Cei grwydro'r Nos i geisio'th Lety gwael,
Cans damniwyd di, fy Nghariad, cyn dy Gryd.

XXI.
Ar Lawnt y Faenol acw oesau'n ôl,
Fe gollwyd unwaith Waed rhyw Daeog ffôl;
   Yn Llaw dy Gyndad hyfalch roedd y Cledd,
A'r Gŵr a laddodd a lafuriai'r Ddôl.

XXII.
Y gwych Fonheddwr, ddoe a fynnai gael
A phrynnu'th Gwilydd â'i Anrhegion hael,
   Efe sydd berchen Tŷ dy Dadau beilch,
A'i Gyndad yntau oedd y Taeog gwael.

*   *   *

XXIII.

Un Noswaith Hydref sefais wrth y Mur,
I glywed Wylo'r Ddinas fawr a'i Chur,
    Ac yno'n Awel ysgafn oer y Nos,
Y cerddai'n syn freuddwydiol ddau o Wŷr.

XXIV.
Drwy Wisgoedd carpiog un roedd aml i Glwyf,
A phylion oedd ei Lygaid oer di-nwyf;
    Dynesodd ataf gyda Balchter Teyrn,
A llefai'n uchel, *"Mor gyfoethog wyf!"*

XXV.
Yng Ngwedd a Gwenau crin yr ail roedd Dawn
Y Duwiau'n Ddrylliau trist, a Chefnfor llawn
    Ei Oes yn Drai rhwng Creigiau Pechod Byd;
Dywedai hwn, *"Rwyf fi yn sanctaidd iawn."*

XXVI.
A hyn oedd Diwedd holl Freuddwydion Oes
Am Gyfoeth a Sancteiddrwydd er pob Loes!
    'Rôl cyrchu at eu Nod drwy'r Hirnos faith,
Eu haur Afalau hwy yn Lludw a droes.

*   *   *

XXVII.
Hyd Lethrau serth Dinorwig tros y Llyn,
Fe gododd rhywrai aml i Fwthyn gwyn;
    Cylchasant eu Tyddynod gyda Gwrych,
A throwd yn Ardd Paradwys Ael y Bryn.

Ar yr Allt

XXVIII.
Ond dos i fynwent Llanddeiniolen; tro
I annerch yno Feddau Tadau'r Fro,
    Dwed wrthynt fod y chwyn hyd Lwybrau'r Ardd,
Ac nad oes am eu Llafur Gysgod Co.

XXIX.

A godant hwy i wared Cam eu Tir,
Lle tywalltasant Chwys eu Tymor hir?
Ddaw un ohonynt mwy o Fro y Bedd
I chwynnu eto Lwybrau'r Ardd yn glir?

    *   *   *

XXX.
Gwrandewais Eiriau dyfnion Kohelêth,[*]
A dysgais ganddo waced yw pob peth;
    Un peth sydd dda—gwna Nefoedd it dy Hun,
A chyrcha ati weithian yn ddi-feth!

XXXI.
A beth os yw fy Nefoedd orau i
Yn gorwedd yn dy Fynwes stormus di?
    Mi gyrchaf ati pe bai Daer a Nef
Yn cynnig imi'n hytrach Werth eu Bri.

XXXII.
Pam rhaid i mi "aberthu dros y Gwir,"
A minnau'n methu a'i gael er chwilio'n hir?
    Paham rhaid crwydro i ryw Ganaan bell,
A Serch bob Cam yn llwyr sancteiddio'r Tir?

---

[*] Llyfr y Pregethwr yn y Beibl.

XXXIII.

Ni chrwydraf mwyach dros y ddyfnllais Don,
Choleddaf yr un Breuddwyd dan fy Mron.
    Mae Heddiw'n siŵr a Chariad Heddiw'n llawn.
Anweswn Serch, fy Ngwen, a byddwn lon,

XXXIV.
Anghofiwn Gŵyn y Byd a'i greulon Loes,
A Llwybrau Drain a Chreigiau ein ber Oes.
    Cawn dario mwy, a Sŵn Yfory 'mhell—
Heddiw, o leiaf, ni raid codi'r Groes.

Gorffwys

Gwae fi na'm rhoddwyd innau
    I orffwys mwy mewn hedd;
A'r glaswellt iraidd dan y gwlith
    Yn fantell dros fy medd.

Breuddwydiwn aml i freuddwyd
    Mewn hun digynnwrf mud,
Ac ni ddoi adlais byth o gri
    A dagrau trist y byd.

Doi'r lleuad yno i wenu
    Ar lawer hirnos glir,
A chofiai am ei brawd ynghwsg
    O dan y glaswellt îr.

Mair

Pan welais Mair ddiwethaf,
    Roedd deigryn ar ei grudd,
A hithau drwyddo'n chwerthin,
    A'i bron yn brudd, yn brudd.
Poen colli'r cariad cyntaf
    Oedd yn ei chalon hi,
Ond ofn i'r byd ei llethu
    Oedd yn fy mrifo i.

Pan welais Mair ddiwethaf,
    Roedd bysedd oer y byd
Yn goch gan waed ei chalon,
    A hithau'n fud, yn fud,
Am ronyn bach o seibiant
    Yn rhuthr fy mywyd i,
Gwerthwn fy enaid heddiw
    I gario'i beichiau hi.

Pan welais Mair ddiwethaf,
    Y glaw ddisgynnai'n lli,
Ond tristach hydref wawriai,
    Bob dydd i mi, i mi.
Tragwyddol storm o ddagrau
    Yw croeso nefoedd hon;
Mae'r hydref ar ei gruddiau,
    A'r gaeaf yn ei bron.

Newid

Pan welais i gyntaf fy meinwen
    Yn nyddiau di-edliw serch,
Y glaw oedd yn curo'r mynyddoedd,
    A'r heulwen yng nghalon fy merch.

Pan welais hi ddoe, roedd yr heulwen
    Yn gynnes fel serch dros y byd,
Ond O, roedd ei chalon hi'n rhewi,
    A'i mynwes yn stormydd i gyd.

Pen y Bryn
(Du Brochst Mi bet De Burg Tohöch)

Danfonaist fi i ben y bryn,
    A'r dydd yn wyllnos aeth;
Ffarwelio wnest gan ddweud yn brudd,
    "Fy awr ymadael ddaeth."

Arhosais innau i weld y coed
    Dan wridog fachlud fri,
A syllais ar y llwybr bach,
    Y llwybr gerddet ti.

Yn olau drwy ganghennau'r coed
    Disgleiriai tŵr y llan;
Es innau'n ôl dros ael y bryn,
    A thywyll oedd pob man.

Ffarweliais â thi, Duw a'i gŵyr,
    Mewn llawer atgof syn,
Â 'nghalon ar yr allt o hyd
    Yn syllu i lawr y bryn.

Y Blodeuyn Olaf
(Nu welkt se hin de Grune Welt)

Mae'r haf yn prysur wywo'n awr,
    Hwn yw ei olaf ros;
A blodyn ola'r ardd i ti
    A gesglais, feinir dlos.

A phan ddaw'r blodau eto'n ôl
    Os dont yn ôl ryw bryd,
Rhoed Duw i'r blodau eto weld
    Myfi a thi ynghyd.

Ac os na ddaw'r tymhorau'n ôl
    A'r blodau fel o'r blaen,
Daw gobaith eto yn lliwiau cain
    Y gwanwyn ar y waun.

Afon Amser

Rwy'n croesi afon amser
    Mewn bad o obaith brau,
Gwenoliaid fy mreuddwydion
    O f'amgylch sydd yn gwau.

Yn hwylio ar hyd yr afon,
    Mae'r duwiau un ac un,
Breuddwydiant hwythau'n esmwyth
    Mewn difraw foethus hun.

A rhysedd mud yr hwyliant
    Ar draws fy llestr gwan,
A thonnau eu llwybr yn chwyddo
    Yn feilchion tua'r lan.

Penillion Ysbaen

I. Does Besos Tengo en El Alma

Dwy gusan yn fy enaid sydd,
   Dwy nad anghofiaf fi;
Y gyntaf gefais gan fy mam,
   A'r olaf gennyt ti.

II. Tu Eres Mi Primer Amor

Fy nghariad cyntaf oeddit ti,
   Ti'm dysgodd i i garu;
Ond paid rhoi gwersi anghof im,
   Rwyf wedi gorffen dysgu.

III. La Nieve par tu Cara

Yr eiry a ddywedant
   Wrth basio'th wyneb di:
"Na foed in' aros yma,
   Does dim o'n heisiau ni!"

Y Gwanwyn Du

Mae'r llwyn yn magu blodau
   Yn brysur ar bob llaw;
Ca'r haf wrth ddrws ei chartref
   Gan' croeso serch, pan ddaw.

Meddyliem y doi'r heulwen
   A gwrid i'r gruddiau claf,
Ond gwrid i flodau mudion
   Mewn mynwent ddaeth yr haf.

Er Cof am fy Chwaer

Mi a'i gwelais ddoe mewn llesgedd
    A gwendid yn ei llef,
A'i dwylo'n curo'n wannaidd
    Wrth ddrysau aur y nef.

Ac, mewn perlesmair, gwelais
    Hi'n cerdded llwybrau'r wawr,
A'r holl wyryfon sanctaidd
    Ymgrymu wnaent i'r llawr.

Saith perl roed ar ei dwyfron,
    Yn arwydd iddi mwy;
Saith gur y Fair Fendigaid
    Mewn atgof oeddynt hwy.

Y Ddinas

Ar farmor oer pob balch digroeso dŷ,
    Ar wê'r colofnau dan balasau fyrdd
Y llosga'r haul; a thros y cymysg lu,
    Sy'n brysio beunydd ar eu hofer ffyrdd,
Y llwch sy'n codi'n gwmwl; crechwen oer
    Ynfydion glywir uwch eu cynnar win.
Cyn hir machluda'r haul, a gwedd y lloer
    Uwch lampau eiddil dynion gwyd yn flin.
Cei weled trist wynebau gwŷr y nos
    Yn syllu'n wyneb pleser; ofer chwant,
Digroeso serch; cei weled yno blant
Ym mhechod henaint; henaint yn y ffos.
    Ac ar balmantau oer y ddinas hen,
    Y butain falch wasgara'i chwerw wên.

Baled Gwenno Llwyd

Ar lan y môr yn nechrau'r haf,
    A'i bron yn glaf dan glwy,
Meddyliai Gwen am Ddeio'r Go
    Na welai mono mwy.

A'r deigryn distaw dros ei grudd
    Wnâi aml i ddydd yn ddwys,
Wrth synfyfyrio lawer tro
    Fod Deio'r Go dan gŵys.

Yn niwedd haf, i'w gartref gwael
    Yn yswain hael a hy,
O'r India bell daeth Deio'r Go
    I briodi Gwenno gu.

Pan gerddai'n hyf y llwybr bach
    Yn llawen iach ei nwyd,
Ar ysgwydd pedwar—Duw fo'i rhan—
    I'r llan 'r âi Gweno Llwyd.

Im Walde Wandl' Ich und Weine
(Heine)

Yn y goedwig yr wyf yn wylo,
    A'r fronfraith yn y gwŷdd
Yn canu'n llon dan ofyn:
    "Paham rwyt ti mor brudd?"

"Dy chwiorydd, y gwenoliaid,
    Hwynthwy all ddweud i ti;
Mae rhain yn gwneud eu nythod
    Wrth ffenestr fy nghariad i."

Auf Flugen des Gesanges
(Heine)

Ar adain cerdd, fy nghariad,
    Ymhell y'th ddygaf di,
At feysydd glas y Ganges
    I Eden wrth y lli.

Mae yno ardd o rosau
    Yng ngolau'r lleuad glaer,
Lle disgwyl blodau'r Lotws
    Am weld eu serchog chwaer.

Mae'r lili'n plygu'n ogleisiol,
    Gan syllu i'r sêr sydd fry,
A'r rhos i'w chlust yn sibrwd
    Pêr sawr cyfrinach gu.

Ac yno chwery inni
    Y syn ewigod dwys;
Ac yn y pellter sibrwd
    Mae tonnau'r afon lwys.

Cawn yno esmwyth orffwys
    O dan y palmwydd syn,
Ac yfed o hun a chariad
    Mewn aml i freuddwyd gwyn.

Tempora Mutantur

O fröydd y dolydd sydd ddistaw,
   O gartre'r afonydd di-gri,
Yn ôl at y tonnau a'r mynydd,
   Yn ôl ati hi.

O fröydd yr hiraeth na leddfir,
   A'r gofid a lifa'n ddi-drai,
O ganol anialwch y gaeaf,
   I erddi glân Mai.

Mae'r mynydd o hyd dros y tonnau,
   A Mai yn ei erddi drwy'r dydd,
Ond pwy ydyw hon sydd yn cerdded
   Dan gysgod y gwŷdd?

Yr un ydyw'r llygaid a'r gruddiau
   A'r tresi yn eurllaes o hyd,
Ond heddiw mae'i geiriau yn oerion,
   A'i chalon yn fud.

I genllif a loesion y gaeaf,
   I fro lle mae hiraeth yn serch,
Ymchwelaf yn ôl i'm cynefin
   Yfory, fy merch.

Er Cof

Er disgwyl sŵn troediad fy nghariad yn ôl
    Hyd lwybr y blynyddoedd digymod;
Er wylo am enaid a grwydrodd yn ffôl
    Hyd ymyl y dyfnder diwaelod;
        Mi wn yn fy ingau
        Na ddyga'r tymhorau
Fy nghariad na f'enaid i 'mywyd yn ôl.

Fel gwawn yn yr hwyrnos ciliasant o'm serch,
    Ni wylais un ffarwel pan aethant.
Pa beth yw un breuddwyd, neu galon un ferch
    I blentyn yr oesau, pan grwydrant?
        Ond gwelaf cyn marw
        Angylion dienw
Yn wylo wrth feddrod fy enaid a'm serch.

Er hynny, bob bore, pan gyfyd y dydd,
    Mi ddringaf i fryn fy Nisgwylfa,
A'm llygaid yn lleithion a 'nghalon yn brudd,
    Drwy'r hirddydd didostur gobeithia.
        Ond byth ar y creigiau
        Fe gura'r trist donnau
Eu neges yn uniaith anobaith drwy'r dydd.

Dydd yn Ebrill

Fel gŵr mewn breuddwyd grwydra dref a llan,
    Yn llesg ddi-fryd ar ddistaw grwydrol droed,
    Gan hanner disgwyl am ryw ofer oed,
Felly yn araf ddi-sŵn tros bob man
Disgynna'r glaw digalon; ac ar lan
    Y llyn ariandon, lle bu'r nef erioed
    Yn goron las o gylch llun dail y coed,
Rhyw wennol nydda lwybrau 'i hadain gân.
Ac unig yw y wennol a di-gân,
    A minnau o fy ffenestr welaf draw
    Gymylog gastell y didostur law,
A thros ei dyrrau'n welwdrist olau glân
    Yr haul yn gado'i deyrnas; ond ni ddaw
    Un sŵn ond trydar y diferion mân.

La Nuit Blanche

A ddaethost ti i'm blino eto, fun?
    Pa beth yw'r sŵn sydd yn yr helyg draw,
    A chlyw ar erwau'r mynydd gamre'r glaw!
O, gad im' bellach gael ychydig hun.
A fynni di im gefnu ar Dduw a dyn
    Er mwyn cael unwaith eto wasgu'th law?
    Paham mae'r tonnau'n wylo mor ddidaw?
Gad im' anghofio mwy dy liw a'th lun.
Mae cariad, natur, nefoedd, popeth oll
    Yn drist a phrudd; o flaen fy llygaid llaith
    Ymleda'n hir y blwyddi creulon maith,
A'r nef yn ddu gymylog uwch fy mhen.
Mae cwsg yn crwydro heno'n 'mhell ar goll,
A mi yn syllu'n myw dy lygaid, Gwen.

Y Teithiwr
(I Gyfeilles Annwyl)

Daeth rhywun o bellennig draethau'r byd
    I adrodd stori'r palmwŷdd gwyrdd a'r pîn,
A'r goedwig ddyfnllais dawel, lle'r oedd hud
    Fel llesmair esmwyth gwsg i'r teithiwr blin.
A minnau'n brudd dan len gaeafol ia,
    A stormydd creulon rhew-wynt Arthig bell,
Ni fynnwn gofio am ororau'r ha,
    A chyfoeth mil persawrau'r gwledydd gwell.
Yn llaw y teithiwr cerddais dan y gwŷdd
    Yng ngoror haf ymhell o'm cartref gynt;
Anghofiais wyllt atgofion calon brudd,
    Anghofiais greulon ŵg gaeafol wynt.
Gwlad nad adnabu'r byd dramwywn i,
A'r teithiwr hwnnw, Olwen, oeddit ti.

Vox Et Praeterea Nihil

Mae'r môr y tu allan yn rhuo
    Yn greulon fel melltith merch;
Mae heno yn noson i'w chofio,
    Y nos y bu farw fy serch.

O oror y cynddydd a'r gwyllnos,
    Ni ddychwel i 'mhoeni byth mwy;
Bydd heno yn ŵyl gaiff ei chofio,
    Y nos yr iachawyd fy nghlwy.

Ond beth sy'r tu allan yn siffrwd,
    Ai'r gwynt yn aredig y môr,
Ai sŵn y golledig a gerais,
    Yn wylo'r tu allan i'r ddôr?

Yr Ynysig

Mae palmwydd îr gwyrddion yn rhywle
    Yn siglo, yn siglo o hyd,
O danynt llif afon freuddwydiol
    A'i thonnau yn ddofion a mud,
Mae sawr y pomgranad a'r grawnwin
    Fel trwmgwsg ar aeliau y don,
Does yno'r un enaid yn wylo
    Nac undyn yn llon.

Bûm yno ganrifoedd yn cysgu,
    Heb ungwr i dorri fy hun,
Duwiesau a wyliai fy nhrwmgwsg,
    Yn brydferth ysblennydd bob un.
Breuddwydiais eu gweled yn plygu,
    Dyhidlent eu mêl ar fy min;
Deffroais a gwelais fy hunan
    Yn unig a blin.

Dros foroedd ystormus rwy'n hwylio,
    I ddychwel yn ôl tua'r fan,
Ond O, y mae'r gwyntoedd yn oerion,
    A minnau â'm calon yn wan.
Pan dorro y niwl dros y cefnfor,
    Pan orffwys y don ar y lli,
Fydd yno un dduwies yn aros
    Adnebydd fyfi?

Cerddi'r Helyg

Crwydro bûm hyd lannau'r afon
    Draw ym Mabilon;
Clywais yno adlais pruddaidd
    Cerdd fu gynt yn llon.

Mel delynau yr hen Gymry
    Ar yr helyg îr,
Gwŷr fu'n crwydro'r llwybrau unig
    Yn yr estron dir.

Mae gen innau delyn ddistaw,
    Rywle draw ymhell,
Ar yr helyg gwyrddion meinion,
    Atgof dyddiau gwell.

Os daw cerdd i'm telyn eto,
    Trist ei nodau fydd,
Cei eu clywed gyda'r awel
    Ar ryw hwyrnos brudd.

Yr Aderyn Cyfarwydd

Aderyn yr hwyrnos
    Yn drist dy gri,
Hyd ochrau Arfon
    Beth welaist ti?

Beth welaist dan goedydd
    Ar allt Bwlch y Groes?
Dyn ifanc yn disgwyl
    Am gariad oes.

Beth welaist mewn mynwent?
    Merch ieuanc dlos
Ar elor yn myned
    Ym min y nos.

Beth welaist mewn calon?
    Gofid a chur,
A'r gwaed yn dylifo
    Hyd gleddyf dur.

Yr Hen Gariad

Mi'th welais yn nyddiau gwyn cariad,
    Cyn cwympiad y dail yn y coed,
Yng nghlefyd anobaith fy siomiant,
    Cusenais ôl ysgafn dy droed.

Pan giliodd y clefyd o'm calon,
    A'm hysbryd yn wyw ac yn fud,
Pan nad oedd un lloer yn fy nunos,
    Dilynaist fi'n ddistaw o hyd.

O gadael i'm calon edwino
    Yn ddistaw a di-sôn i'r bedd;
Fydd rhaid imi syllu yn uffern
    Ar nefoedd anghyffwrdd dy wedd?

Yr Ysbryd

Yn oriau neithiwr, gwelais Wen fy mron,
    A'r rhos yn wyw ar gyfoeth mwyth ei grudd,
A'i llais yn lleddf a thrist, fu gynt yn llon,
    A chwmwl gofid tros ei llygaid prudd.
"O dos yn ôl, ysbryd y dyddiau gynt,
    Beth geisi yma heno gyda mi?
Mae'r glaw yn ddagrau oer hyd ruddiau'r gwynt,
    A dail yr hydref gocha wedd y lli."
Ond heb un sŵn na si hi godai'i phen,
    A gwelwn eto'i heurwallt fel y bu:
"Wnaf fi ei haddef fel fy unig Wen,
    A'i chanlyn dros y fawnog dywyll ddu?"
"Rhaid iti ganlyn eto ôl fy nhroed,
Drwy ddrain a mellt, a nos gwywedig goed."

Cerddi Cymru

Cerdd Hen Lanc Tyn y Mynydd

Cryf oedd sŵn ei gryman yn yr eithin,
   Union ar y dalar oedd ei gŵys.
Cynnar ar y mynydd oedd ei fedel,
   Yn hwyr ar ben ei raw y rhoddai'i bwys.

Nefol wynfyd Serch yn nydd ieuenctid,
   Cyn crynhoi o'r cymyl, oedd ei ran.
Cofiai'n oriau'r hwyr ar gefn y meysydd
   Wedd yr eneth gysgai yn y llan.

Rhoes ei geiniog brin at godi'r coleg,
   Rhoes ei galon drom i Ŵr y Groes.
Heulwen deufyd ar ei galon wladaidd
   Dyfodd flodau'r deufyd yn ei oes.

Carai'n syml holl lith y papur newydd,
   Carai ystorïau'i dadau'n well.
Carai wrando'n nhinc y delyn deir-res
   Adlais cerddi ei ieuenctid pell.

Neithiwr rhoes ei gryman ar y pared—
   Ni ddaw mwyach dros ei grinllwyd lain,
I fraenaru gwedd ei dir caregog
   Ac i hau ei yd yng nghartre'r drain.

Cerdd yr Hen Chwarelwr

Bachgen dengmlwydd gerddodd ryw ben bore
    Lawer dydd yn ôl, i gwr y gwaith;
Gobaith fflachiai yn ei lygaid gleision
    Olau dengmlwydd i'r dyfodol maith.

Cryf oedd calon hen y glas glogwyni,
    Cryfach oedd ei ebill ef a'i ddur;
Chwyddodd gyfoeth gŵr yr aur a'r faenol
    O'i enillion prin a'i amal gur.

Canodd yn y côr a gadd y wobor,
    Gwyddai deithiau gwŷr y llwybrau blin;
Carodd ferch y bryniau, ac fe'i cafodd,
    Magodd gewri'r bryniau ar ei lin.

Neithiwr daeth tri gŵr o'r gwaith yn gynnar,
    Soniwyd am y graig yn torri'n ddwy;
Dygwyd rhywun tua'r tŷ ar elor—
    Segur fydd y cun a'r morthwyl mwy.

Ymddangosodd y gerdd hon dan y teitl *Y Chwarelwr* yn *Y Gorlan* yn 1910, gydag "ebill" yn lle Morthwyl yn y bennill olaf.

Cerdd yr Hen Longwr

Codwyd angor yn y Felinheli,
    Pan oedd gwawr yn torri'n llwyd ryw ddydd;
Wylai'r fam ar drothwy'r fordaith gynta'n
    Hir, pan gofiodd am y gaeaf prudd.

Gwelwyd rhywun draw mewn tref bellennig,
    Haul y dwyrain ar ei wyneb llon;
Llygaid duon estron ferch y dwyrain
    Syllai'n hir i lygaid gŵr y don.

Dacw rywun eto'n rhu y tonnau;
    Plyga'r hwylbren dan y beiddgar wynt;
Cofia yntau am y bad gychwynodd,
    Na ddychwelodd mwy o'i seithug hynt.

Nid oes ŵr drwy'r llydan fyd a ofna,
    Nerth ei fraich a heriai arfog lu;
Gŵyr er hynny am ysbrydion gwelwon
    Gerdda'r llong yn niwl pob noson ddu.

Hen ŵr llwyd ar forlan Felinheli,
    Wylia'r llongau dan yr ysgafn wynt;
Hoff gan blant yw clywed stori'r llongwr
    Am y ferch lygat-ddu welodd gynt.

Cerdd y Prydydd Ieuanc

Du oedd nos uwchben ei ieuanc fywyd,
    Dan ei draed roedd geirwon lwybrau'r drain;
Carai wylio yng ngolau fflach y fellten
    Gyfrin ffurfiau gwe'r cymylau cain.

Carai'i enaid nofio uwch y daran,
    Carai glywed nodau côr y sêr;
Cu, er hynny, crwydro hyd y gerddi'n
    Llesmair sawr a lliwiau'r blodau pêr.

Lliwiau'r sêr oleuai wisg ei gariad,
    Ail ei grudd a'i gwallt i Gwener gu;
Canodd iddi nwyf yr haf a'i chwerthin,
    Wylodd drosti gerdd y gaeaf du.

Tyner law estynnodd Angau iddo,
    Plygu wnaeth ar fron y Cariad Mawr;
Cadd ei enaid nofio uwch y daran,
    Lliwiau'r nef oedd lliwiau'r newydd wawr,

Siom Serch

Cyn disgyn o'r ddunos ddistaw
    Dros orwel y tonnau maith,
Cyn tewi o'r awel a'i murmur
    Wrth droedio'r nentydd llaith;
Dros oror y diffrwyth genlli,
    Dros bennau'r tonnau gwyn,
Mi welais un hwyrnos euraidd
    Gopa'r breuddwydiol fryn.

Ymserchodd fy nghalon amdano,
    Cwynodd ar lawer awr;
Y copa a welswn y neithiwr
    Giliasai yn llwyr gyda'r wawr.
Un noson mi hwyliais fy llestr,
    Dros genlli gwancus y don,
I chwilio am gartref fy mreuddwyd
    A dynnodd yr hiraeth i 'mron.

'Rôl llawer noson o hwylio
    Dan bigiad fy hiraeth syn,
Ymledu wnâi ochrau'r cefnfor,
    Ni welwn yno'r un bryn.
Mi droais fy llestr bach adref,
    Siomedig oeddwn a mud,
Ond er nad ydoedd ond breuddwyd,
    Dygyfor mae hiraeth o hyd.

Os rheswm oer fyn fy neffro
    O freuddwyd fy ngwallgof serch,
Os meddwl yn unig a wneuthum
    Fod purdeb yng nghalon fy merch;
Gwell gennyf ffôl afradlonedd
    Cariad, na rheswm y byd,
Ac er fod fy mreuddwyd yn yfflon,
    Dygyfor mae hiraeth o hyd.

Merch y Mynydd

Cerddasom hyd erwau y mynydd
    Dros lwybrau y rhuddgrug a'r nant,
A thithau, 'run fach, oedd fy nghariad,
    Fy nghariad, pan oeddym ni'n blant.

Breuddwydiem am grwydro heolydd
    Dinasoedd pellennig y wawr,
A thithau, 'run fach, fyddai 'nghariad,
    Fy nghariad pan fyddem yn fawr.

A neithiwr fe'th glywais yn chwerthin
    Wrth basio yn merw'r bell wlad—
"Cardotyn o Gymro yw hwnna,
    Fu'n chware wrth riniog fy nhad."

Non Nobis

"Myfi yw'r Iesu
    Anfarwol ei fri,
Gobaith yr oesau—
    Pwy wrthyd fy?"

Obaith yr oesau
    Anfarwol dy fri,
Mi welais heddiw
    A'th wrthyd di.

Macwy mewn cariad
    Yn gweled y nen
A golau'r tragwyddol
    Yn llygaid ei Wen.

Melys yw pechod,
    Ni wrendy dy lef;
Heddiw mae pleser,
    Yfory mae nef,

Llwydaidd freuddwydiwr
    Dywell ei fron,
Wrth syllu i'r gorwel
    Na chenfydd y don.

Pell ydyw'r nefoedd
    Creulon yw'r byd,
Does nefoedd nac uffern
    Yn Eden ei hud.

Obaith yr oesau,
    Gofi di rhain?
Edliwi di i'r byddar
    Wrthod dy sain?

Nid ar y cyfiawn
    Y codaist dy gri;
Ar ddefaid colledig
    Y gelwaist ti.

Canu'r Haf

Roedd canu'n hawdd yng Nghymru,
    Ar ddydd breuddwydiol braf,
A hawdd oedd gwersi cariad
    Yng ngolau gwyllnos haf.

Fu'n rhywle goed mor wyrddion,
    Fu rywdro ferch fel hon?
Pwy draetha oes gŵr ifanc
    Â chlefyd yn ei fron?

Y galon oer sy'n tystio
    Fod clefyd haf yn well;
Mae'n annod canu heddiw,
    A'r haf a'r haul mor bell.

Y Wen Goll

Ddoe, ces wên dy lygaid mwynion,
    Ddoe, bu 'mysedd drwy dy wallt,
Ddoe, bu awel fwyn Gorffenna'n
    Murmur wrthym ar yr allt.
Melys ganwaith oedd dy gusan,
    Lledrith glywais yn dy iaith,
Mwyn oedd codi'r cestyll hynny,
    Wen anwylaf, lawer gwaith.

Heddiw adlais yw dy fiwsig,
    Atgof yw dy gusan di,
Rhagrith cariad yn lle'i sylwedd
    Heddiw frifa 'nghalon i.
Wen fy mywyd, Wen golledig,
    Dywed imi, fwyn dy rudd,
P'run yw'r gorau—gwên a chusan
    Ynte arlliw'r atgof prudd?

Breuddwyd gefais am yfory,
    —Dywed, Gwen, yw hwnnw'n wir?
Gweld dy enaid wedi colli,
    Anghof wedi atgof hir.
Fe ddaw rhywun ac fe enwa
    "Wen y Dyffryn" ddydd fy mri,
Minnau 'nghanol gaeaf anghof
    A ofynnaf—"Pwy yw hi?"

Myfi fy Hun

Ar fore mwyn yn hydref,
    Mi grwydrais rhwng y coed,
A Duw yn lliwio'r bore
    Fel y bore cynta 'rioed,

Yng ngwyll y dail a'r brigau
    Mi welais ysbryd prudd;
Roedd dagrau yn ei lygaid,
    A newyn ar ei rudd.

Anwylai'n ddwys doredig
    Ar ei fynwes flodau crin,
Ac enw fy nghariad cyntaf
    Oedd amlaf ar ei fin.

"Pwy ydwyt, ysbryd pruddaidd,
    A'th bwsi o flodau crin,
A pham mae'r enw hwnnw
    Mor amal ar dy fin?"

"Rwy'n marw," meddai'n wannaidd,
    "Dy ienctid ydwyf fi:
A'r blodau ar fy mynwes
    Yw'th hen obeithion di."

Rhianedd Atgof

O ferched fy ngherddi a 'nghalon,
    O Olwen anwylaf a Men,
Myfanwy fy serch, a Rhiannon,
    Coronaf chwi heddiw yn ben;
Fe'ch cerais dan loesion a chroesau,
    Dan felltith a dirmyg pob merch,
Ofuned a breuddwyd yr oesau,
    Rianedd fy serch!

Fel crinddail yng ngoror yr hydref
    Ar waun anghofiedig ac oer,
Orwedda'n ddihedd a digartref,
    Dan olau digalon y lloer;
Yr awel wrth droedio dros fynydd
    A chefnfor, a'u cymer hwy oll;
Fe'u hyrddir mewn crinder digynnydd,
    Ar wasgar a choll.

Fel hynny, rianedd fy ngherddi,
    Dduwiesau ieuenctid y ne,
Ddelfrydau y beirdd a'r proffwydi,
    Anwylion y dwyrain a'r de,
Fel hynny, dduwiesau gwywedig,
    Fe'ch hyrddiwyd drwy'r curlaw a'r don,
Ond chwi biau 'mreuddwyd colledig
    A thristwch fy mron.

Cân y Gwin

Pan ddychwel ieuenctid o'i winllan,
    Yn llwythog dan rawnwin ei oes,
Cyn duo o'r glaw ar y gorwel,
    A chwythu o'r gwyntoedd yn groes,
Cyn cilio o hefin a heulwen,
    A'r lliwiau yn wrid ar y gwŷdd,
Bydd cariad yn gryf, a chei weled
    Mehefin yn goch ar ei rudd.

Pan sathro ieuenctid ei rawnwin
    Yng ngwinwasg helbulus ei oes,
Pan gasglo'r cymylau yn dduon,
    A'r gwyntoedd yn flinion a chroes,
Cei eistedd yng nghongol dy windy,
    A gwrando ar sibrwd y coed,
Bydd geiriau dy serch yn felysach,
    Huotlach i'th glust nag erioed.

Pan ruo ystormydd y gaeaf,
    Pan yfi helaethrwydd dy win,
Cei ddrachtio y cwpan i'r gwaelod,
    A'r gwaddod yn chwerw i'th fin.
Bydd dail dy ieuenctid yn grinion,
    A'r golau yn wan yn yr hwyr;
Rhoed Duw iti gariad dy ienctid
    Pan gilio yr hydref yn llwyr.

Hen Ystori

Ble mae'r llwyni'n las o hyd,
Ac atgof serch ar eu dail i gyd?
Ar lannau y Penllyn mae'r helyg yn llon,
A phlyga'r gwiail dros ael y don.

Ble mae'r bachgen fu yma gynt
A'i gân yn nofio hyd lwybrau'r gwynt?
Mae crwydro'r byd gydag estron wraig
A'i galon ffals yn oer fel y graig.

Ble mae'r eneth fu yma gynt,
A'i gwallt yn eurwe ar adain gwynt!
Brysia at fynwent eglwys Min Llyn,
Cei weled colofn o farmor gwyn.

Teirgwaith

Y nos oedd yn ddu ac yn drymaidd,
   Pan gwrddais di gyntaf erioed,
Ond gwyddwn fod rhywbeth o'r nefoedd
   Yn pasio hyd lwybrau y coed.

Roedd golau yr haf yn fy nallu
   Pan welais di wedyn, Gwen;
Ond gwyddwn fod rhywbeth disglair
   Fel eurol o gwmpas dy ben.

Dy wallt oedd yn dallu fy llygaid
   Pan welais di ddoe yn y coed,
Ond gwyddwn fod rhywbeth melysach
   I'm min nag a deimlais erioed.

Trystan ac Esyllt

I.

Llyma fel y traethir hanes Trystan yn glaf yn Llydaw, a'i wraig, Esyllt Llydaw, yn ei wylio.

Drwy'r nos y troediai'r gwyliwr ar y tŵr
Yn ôl a blaen. Y lleuad wen o'i chell
Chwareuai gyda gloyw aur ei helm,
A than ei draed y tonnau milfil oll
Gusanent feini'r castell. Iddo ef
Nid oedd na lleuad wen na thonnau mân,
Dim ond blin aros, holl wylfeydd y nos.
O Grist, pa beth yw'r pryder ar ei rudd
A'r blin anesmwyth osgo yn ei gam?
Yn awr uwchben ei lygaid cwyd ei law,
A sylla'n hir dros ben y gorwel pell;
Ond yno nid oes gynnwrf, dim ond si
Y sidan don, ac ar y lan does ond
Wylofus gri'r gwylanod. Ôl a blaen
O hyd y cerdd, a disgwyl yn ei drem,
Yn dawel brudd. Fel pan uwchben y wlad
Yn nhymor gwanwyn y breuddwydia'r storm
Yn feichiog yn y nen, a'r cymyl du
Yn cau yn nes o hyd, a phryder hir
A distaw anniddigrwydd o flaen bollt
Y daran, a chwim fflach y fellten ddall,
—Drwy'r nos y cerddai'r gwyliwr ar y tŵr.

Ond curai calon yn y castell gwych
Yn flinach, anesmwythach nag oedd troed
Y gwyliwr ar y tŵr. Ar wely'n glaf,
Ac angau yn ei dremyn, gwyliai gŵr

W. J. Gruffydd

—Adawsai waed ei fron hyd lwybrau'r byd—
Tu hwnt i ddisgwyl, a thu draw i ddu
Bangfeydd anobaith gwallgof. Wrtho'i hun,
Fel plentyn gasglydd blodau gwyllt y ddol
Ar ddiwrnod haf, sibrydai yn doredig
Heb ddig na phoen yng ngoslef wan ei lais:
"Esyllt, fy ngwallgof freuddwyd,"—yna troai
I'r ochor arall. Yno safai merch
Ym mlodau telaid ei hieuenctid chwim;
Ond O, roedd cwmwl uwchben disglair haul
Ei llygaid gleision; yn ei bron o hyd
Dygyfor yr oedd hiraeth am y dydd
Pan welodd gyntaf Drystan dan ei glwyf,
A gwynfyd caru'r gŵr achubodd gynt
O afael oer marwolaeth; ond yn awr
Mae rhin ei dwylo gwynion wedi mynd,
Ac yntau'n llesg yn llithro tua du
Diaffwys lyn ei angau; dagrau hallt
Ddisgynent dros ei grudd, fel dagrau'r gŵr
Fo'n syllu ar rhyw forlan uwch y don,
Yn gwylio'r hwyliau gwynion yn pellhau
Sy'n cario'i unig obaith tros y dŵr,
Enciliai'r haul, a'r ffyrdd yn dywyll aent,
Ac yntau'n syllu beunydd—ond heb weld,
—Felly tan bigiad ei hanobaith prudd
Hi safai'n ddelw tristwch. Eurlliw gwallt
Y banadl ar y gwrych ymdonnai i lawr
Dros ei hysgwyddau; a theyrneiddied oedd
Ei gwedd â Gwener pan y safai gynt
Yn ymliw gydag Iau. Nid sŵn y ffrwd
Fo'n wylo am ei thref ym mron y môr
Gan ddeffro atsain coed a nentydd oll,
Ond distaw su y llyn pan fo'i ddyfnderau'n
Ymferwi'n wyllt a'i wyneb heb un don,
Oedd gofid Esyllt—dagrau fel y gwlith

Trystan ac Esyllt

Pan ddisgyn heb un sŵn yn nyfnder nos,
A'r gwŷr pan godant at eu bore waith,
Ganfyddant ôl ei gamre; nid ystorm
Yn curo'r bryniau'n ael y gwynt dibaid
A'r ffrydiau'n rhuthro'n orwyllt tros yr allt.
Ei natur ddistaw hoffai fynd â'i phabell
A'i gosod ym mro hiraeth heb un sŵn,
Fel unig Arab ar Sahara bell.

Fe gwyd ei lygaid; tybia weld ei hun
Yn llithro'n ôl tros y blynyddoedd maith
I ddwyfol oriau'i ieuanc serch. Ni chlyw
Ei Esyllt ffyddlon yn ei chwerw wae;
Ni wel y wraig adawai Dduw a dyn
I'w ganlyn. Ond o flaen ei wallgof drem
Ymrithia delw'i gariad—Esyllt gu,
Digymar em Iwerddon lân y llynnoedd,
Â'i phen dan goron ddu o ddwyfol wallt,
Fel llenni pali grogir gylch rhyw allor
Yn nhemlau'r dwyrain bell, lle llysg y tarth,
Lle clywir melys ochain llesg bererin
Gyrhaeddodd ben ei daith a bryd ei oes.
Ti hoffet golli'th hun o dan ei gwallt
A phwyso'th rudd yn erbyn esmwyth ben
Y rhiain Esyllt—yno i dario byth
Nes y llewygai'r serchog oriau'n wan
Ar fron y pell dragwyddol annihun.
A'r llygaid duon lle bu Trystan gynt
Â golwg serch, yn darllen hanes hir
Gofidiau'r byd a'i hanes fel mewn drych!
Nid merch y wawr olau-bryd ydoedd hi,
A chalon chwim yn llamu yn ei bron,
A gwên garedig ar ei grudd—ond merch
Y nos, yr hwyrnos ddistaw pan hir gwyna'r
Oer wynt drwy'r rhuddgoch goed ar ôl cynhaeaf,

W. J. Gruffydd

A distaw sua'r môr o dan y nos.
Felly y gwelai Trystan eto'i Esyllt wen.

O gawraidd haul, roi'th derfyn ar y nos
A'th ddechrau ar y dydd, heb ddeddf na dyn
A feiddia wrthryfela'n groes i ti.
Flynyddoedd anghymodlon anhrugarog
A sethrwch flodau oes o dan eich traed,
Distewch, distewch i gyd—Y Cawraidd haul
Tro'n ôl; ni all eich deddfau deillion chwi
Ddal adain serch pan hoffa grwydro'n ôl
I fyd sy'n awr yn freuddwyd—fu yn nef!

II.

Llyma Drystan yn ei wallcof yn adrodd ei hanes, sef fal yr enillodd yntau Esyllt Iwerddon a hithau yn wraig ewythr iddo.

"O ganol tirion heulwen gwlad fy Esyllt
Drwy'r dydd yr hwyliai'r llong yn ddistaw 'mlaen
Dros wedd yr anghynaeaf fôr; ni ddaeth
Un storm i dorri ar adfyd calon brudd;
Ni chwythai awel dros ei hwyliau gwyn,
A'r tonnau glas didaro gysgent byth.
Fel cryf anrheithiwr dan ei arfau'n drwm
O gastell y cymylog ddwyrain pell
Codasai'r haul, a'r wlad edwinai'n grin
O dan ei anhrugarog dân; ac Esyllt
A fflachiai arnaf, hithau, dân ei llid,
Annedwydd ddau; myfi'n llofruddiog ŵr
Gan waed ei hoff garennydd; hithau'n ferch
A chwmwl yn ei nen; anufudd un
Yn ceisio estron serch ei marwol elyn,
A'i harwain gan anrheithiwr brwnt ei thŷ.
Ni chefais, er pan dorrodd gwawr y bore

Trystan ac Esyllt

Hyd fachlud haul, ond geiriau cas a llid,
A'i llygaid duon fel dialydd gwaed
Yn chwilio 'ddeutu'm calon; hithau Esyllt
Ni chafodd ond balch eiriau creulon deyrn
Pan nad all wadu'r trosedd; ac o hyd
Fe losgai tân yr haul ar hyd y llong.

"Brynhawngwaith eistedd wnaem o dan yr hwyliau
Yn flin gan wres yr haul a geiriau llid,
A syched creulon ddaeth i mi yn farn,
Fy llaw estynnais, cydiais yn y gwin
Adawsai Branwen; yfais ef fel gŵr
Dan farwol archoll yf ei olaf ddracht,
A rhois i Esyllt; yfodd hithau'r gwin.

"Heb ddannod dim, mi rowswn oesau'r byd
A pherlau moroedd, cosbau uffern ddu,
Am un, un diflanedig ddracht o'r gwin,
Ar ôl ei wyllt anhysbys flas, ymrithiai
I'r balmwydd gwyrdd breuddwydiol dwyrain hen
O flaen fy llygaid; danynt llifai ffrwd
Furmurol rhwng ei milfil blodau mân,
Heb sŵn ond melys alar, chwerw hoen,
Yn ddŵr arafaidd, dwfn, diguriad, hen,
Yno cydgwynai holl delynau'r byd
Eu miwsig dyfnllais; yn eu hestron sŵn
Y clywid holl bangfeydd anedwydd fyd,
Gruddfanau'r annwfn uffern; yno hefyd
Roedd melys gerddi'r nef a lleisiau sanct
Ceriwbiaid a seraffiaid uchel nef.
O dan y dail roedd lliwiau ieuanc fywyd,
Y gwyrdd dihenydd, rhosliw fel y gwaed
Ym mronnau'r duwiau, euraidd flodau gant
Fel tonnog dresi'r Wener a fu gynt.
O dan y dail roedd hefyd liwiau'r bedd,

W. J. Gruffydd

Gaeafol grinder plant y gwanwyn gwyrdd,
A chochni di-waed hydref ar y dail.

"O 'mlaen eisteddai Esyllt dan yr hwyl
A'r cwpan aur yn crogi yn ei llaw.
Ar draws ei gruddiau rhedai'r gwrid yn goch,
A gwelwder wedyn ddeuai ar ei ôl;
Fel pan yn oriau'r haf ar fron y dŵr
Ymsymud cysgod y cymylau gwyn
Yn ôl a blaen, a'r haul tu ôl yn wrid.
Fe syllai arnaf gyda thremiad un
A wêl mewn llewyg unig fryd ei oes.
Uwchben ciliasai'r haul tu ôl i'r cwmwl
A thôn gwynfannus crwydrol wynt pan dros
Yr hwyliau gwynion chwythai gorn y glaw,
A chri rhyw wylan drist ddigymhar unig
Uwchben 'r anfeidrol weilgi oedd yr oll
A glywni. Codasai Esyllt wen,
A'i gwallt a'i haeliau'n llaith gan ofn a serch,
A'i dwyfol fronnau dan y sindal main
Yn codi a disgyn ar ei chalon hi.
A minnau, na, ni wn—nid sŵn y gwynt
A thrydar milfil tonnau dan y llong
Na'r weledigaeth mwy o Esyllt wen—
Ond ar fy mron, hen gartre'r llurig dur,
Roedd calon merch yn curo; ar fy ngrudd
Roedd anadl esmwyth unig fun y byd.
Ac weithian ar fy minion teimlwn fêl
A meddwol win ei gwefus felys hi;
Nid Trystan mwyach, ac nid Esyllt mwy,
Ond un aniffodd dân yn llosgi'n llwch
Ein holl fywydau. Nid arhosai mwy
Ar wyneb daear unrhyw werth ond un.
Ac yn ein calon teimlem ddyddiau'r byd
Yn araf lithro i ddiddymdra serch.

"Ciliasai'r cymyl oll, a diddig oedd
Yr anferth weilgi, yna'r haul o'i gell
A losgai eto'n fwy ar hyd y llong.
Ond, ar fy mynwes, calon Esyllt wen
A losgai hefyd gan ei chlefyd serch,
A phedair gwefus oedd cyn hyn mewn llid
Yn hyrddio geiriau dicter, oedd yn un!*
O'i dwyfol wefus, unig ffynnon serch
Lle'r hoffwn ddrachtio 'mywyd oll i ben!
O'i gwylltion lygaid, yn eu dyfnder hwy
Y gwelais holl anobaith fy mlin serch;
Gan hynny hoffwn gau ei llygaid gwyllt
 mil cusanau, milfil goflaid cariad.

Offeiriaid, ddiofryddion crefydd sanct,
Chwychwi santesau'r gysegredig wên,
Yn bygwth uffern boenau ar y gŵr
Ro'i fryd ar geinion daear pan fo'r nef
Yn cynnig iddo'u gwell—ynfydion oll
Drwy oesau'r byd leferwch ynfyd air!
Pa beth yw poenau rhyw Ixion brudd
Os cafodd unwaith, er mewn cwmwl oer,
Gofleidio cynnes fron ei dduwies-gariad,
A theimlo'i gwallt yn nyddu gylch ei wddf?
Mae eiliad serch yn hwy nag oes uffern.

III.

"O dan yr hwyl eisteddem fron wrth fron
Gan nesu 'mlaen at y digroeso dir
Lle safai March yn disgwyl am ei Esyllt,
—March, Wledig Cernyw, calon fwyaf Prydain,

---
* *"And four red lips become one burning mouth."* —Swinburne

W. J. Gruffydd

Y gŵr a'm magodd mewn brenhinol lys,
Roes imi bali'n wisg, a melyn aur
O'm cylch, roes ddwrn fy nghleddyf yn fy llaw
Pan leddais farchog balch Iwerddon bell,
Ar ynys unig, Morhollt baladr hir.

"Frenhinol Farch, a ninnau ar y llong,
Myfi a'th briodasferch wedi troi
Cloriannau ffawd, a gwenu gwawd a dirmyg
Yn wyneb Duw, a chyfrif serch yn fwy
Na holl anrhydedd holl farchogion Arthur
Ar ofer hynt yn ceisio'r Greal Sant.

"Ymlaen y llithrai'r llong, ac Esyllt wen
Weithiau hi syllai gyda'i llygaid mawrion,
Weithiau sibrydai'm henw i â serch,
Y ddau yn un, ac weithiau teimlwn hud
Cwrelaidd fin, neu rudd, neu fron neu wallt.

"Ar wawr y trydydd dydd o flaen y llong
Fe godai creigiau Cernyw'n llwyd o'r môr
Hen adamantaidd geidwaid tylwyth hy
O ddewr ryfelwyr dan eu harfau'n llwythog
A nwydau dyn yn rhedeg yn eu gwaed;
—Gwŷr garai dinc y waywffon o ddur
Yn taro'n erbyn tarian eu gelynion,
A hoffai ymladd beunydd gledd yng nghledd
A dawnsio ar ymyl bregus angau—gwŷr
A garai hefyd ddwsmel seiniau'r delyn
Yn canu hanes hen ryfelwyr fu;
Neu, pan fai rhyfel wedi troi, a hedd
Yn eistedd dan ei llawryf, garai wrando
Acenion melys tafod merch yn cwyno
Dan wae neu bleser serch, neu wylio'r ael
Yn araf hanner cau dan esmwyth foeth

Trystan ac Esyllt

A mêl freuddwydion llesmair cariad perffaith.
Yno, mi wn, 'roedd gan bob ofnus blentyn
Fil myrdd o frodyr yn y coedydd gwyrdd,
A than furmurol donnau'r afon lif,
Ac yn y cymyl—engyl gwir y nefoedd—
Yng nghenlli'r môr pan ruai ar ei draeth
Mewn dwyfol ddig, neu pan orffwysai'n dawel
Yn ddwfn ddi-don, a phell fel breuddwyd Duw.
Ond; fy Esyllt wen a mi, ni ddaeth
Nac ysbryd coedydd gwyrddion Cernyw hen
Nac un negesydd oddi wrth y môr,
Dim ond anfoddog ysbryd Serch hyd
Yn gwyllt amneidio tua'r fan lle'r oedd
Yr affwys olaf yn ein rhyfedd hynt,
A phen llad holl bleserau serch i gyd.
Ni ddaeth nac ofn na gwae, pan welem ni
Farch, Wledig Cernyw, calon Cernyw oll,
Yn disgwyl am y forwyn deg lygatddu
Ei briod wraig. Lle'r arfer ofn babellu
Doedd dim ond serch a golau tanbaid llawn
Y nefoedd fu a'r nefoedd eto' ddod,
Yn lle ei welwder, ar ei gruddiau hi
Nid oedd ond gwrid a chyfoeth perffaith gariad.

"O'r diwedd, ar ôl tridiau ar y don,
Dan gysgod Cernyw greigiog nofiai'r llong
Yn iach i'r lan. Fe safai March a'i lu'n
Ysblennydd dan eu harfau. Oer ei fron
Oedd March, a'i law'n fwy parod fu
I gydio'n eurddwrn cledd neu baladr picell
Nag i ymblethu rhwng eurdresi merch,
A'i lais mwy parod oedd i alw'i wŷr
I helynt rhyfel pan fo boetha'r dydd,
Nag i acennu melys eiriau cariad.
Yn araf ac yn falch y cerddai'r syberw,

W. J. Gruffydd

Gan nesu at fy Esyllt dlysfin i;
A chyfarch gwell a wnaeth: "Boed Duw yn nerth
I ti, fy ngwraig, a thithau nai fy serch."

Hithau, fy Esyllt, gyda'i bysedd main
Oedd decach fil na blodyn gwyn y ffriddlys
Yng ngofer ffynnon ar y dolydd gwyrdd,
A gydiai yn ei law; ond yn ei llygaid
Fe berliai'r dagrau'n ail i wlith ym Mai.
Minnau, fel gŵr yn olaf oriau'r claf,
Fo'n disgwyl troediad angau wrth y ddôr
I gipio'i unig drysor yn y byd,
A welwn holl bleserau 'mywyd llawn
A holl wynfydau doe, y ddoe oedd fwy
Na 'mywyd oll—am byth yn cilio'i ffwrdd.

"Dynesu at y gaer wnâi'r osgordd falch,
Lle gwyliai aml osb a llesg bellennig,
Lle canai aml fardd mewn uchel sain
Gynheddfau'i uchel deyrn, a'm clodydd i;
Lle lladdwyd aml galon syllodd ar
Brydferthwch marwol Esyllt wen Iwerddon.
A mi ar ôl, bererin unig serch,
Heb feddiant yn y byd ond Esyllt lân,
Yn gweled honno ar ddigalon daith
Yn dilyn March, oer Wledig Cernyw oll,
O'r Gelliwig hyd donnau'r eithaf fôr.

"Bu lawen iawn y dydd yn llysoedd March;
Ond dau yn unig—unig ddau y byd—
A unwyd yno mewn un west o wae.
Pa beth oedd lloniant gŵr y cledd a'r gwaed
Anadla heddiw angau ar ei elyn,
Yfory gyll ei einioes ddiwerth yn y maes?
Pa beth oedd mwynder mil o wŷr di-serch

Pan safai'r gyllell yn y bwyd, a'r llŷn
O fewn y bual, gyda'u byd i gyd
A'u heinioes rad ddibleser ar y ford
O'u blaen?—a ninnau'n dau yn nyfnder serch,
A'n bywyd oll yn grin dan hydref oer?

IV.

"Nos haf oedd hi; distawrwydd fel y bedd
A wyliai dros y ddaear, oddigerth,
Ar fryn pellennig, udai'r blaidd yn hyf
Neu dros y môr, ar ddiffrwyth forlan lwyd,
Ysgrechiai'r wylan. Hir ddisgwyliad mud
Oedd yn yr awyr, fel tawelwch prudd
Dros bell ynysoedd mewn anhygyrch fôr
Cyn syrth o safn y mynydd angau tân.[*]
Y drist ddylluan yn ei heiddew gwyrdd
Oedd fud ei chwynfan; yno'r cŵn di-flin
Oedd heno'n cysgu'n drymglust ar y llawr.
A Duw uwchben yn gwylio'r cwbl oll!

"Cychwynais o f'ystafell parth â'r fan
Gorweddai'r forwyn Esyllt. Lloer Gorffennaf
Daflai o flaen fy nghamre gysgod gŵr
Lladradaidd gam—myfi, myfi fy hun,
O'r blaen na fynnais wneuthur a fai gudd,
A 'nghalon wrol gurai yn fy mron,
Gan ofnus bleser. Ond o'r porth o'm blaen
Y safai anferth ŵr a'i bicell hir
Yn dawnsio'n ddisglair dan yr ieuanc loer.
'Ha, unben,' eb y paladr hir, 'o ble
Ar neges gudd y cerddi at borth y brenin.

---
[*] Ysgrifennwyd y llinellau hyn yn fuan ar ôl cyflafan Martinique. -
WJG [Echdoriad llosgfynydd yn 1902 laddodd filoedd]

W. J. Gruffydd

Os ydwyt fab i frenin teithiog, anfoes
Yw iti grwydro yma'th hun heb ungwr,
Na gwas, na march, na'r un gwastrodwr chwaith.
Os ydwyt brydydd gwir yn dwyn ei gerdd,
Annoeth yw iti guro wrth y porth,
A'r nos mor bell. Yfory March deyrn Cernyw
A gymer iddo wraig, sef yw y ferch
Esyllt, a chares Morhollt gynt a las
Dan arfau Trystan. Felly tro yn ôl,
Neu dioer, enaid, byr dy gyfarch fydd.'

"A'r noson honno, gwelodd lloer Gorffennaf
Y distaw ŵr, nos deithydd llwybrau'r gaer
Ar neges cariad, ag anfodlon law
Yn gwanu'r bicell hir drwy fron y porthor,
Ac ar y llawr yn gelain, waedlyd, brudd,
Gorweddai'n ddiffrost oer y paladr hir.

"Oddiar ei wregys crogai'r allwedd aur,
Ac union iawn tu mewn i'r gorwych blas
Y cerddwn ôl a blaen, i geisio gwedd
Fy Esyllt drist. Orielau marmor hir
Yn llawn o aur a pherlau'r moroedd maith,
Sidanau'r India, a holl gyfoeth drud
Y dwyrain hen, ymestyn wnaent o'm blaen,
A mi yn blentyn serch, yng nghanol gwychter,
Yn ceisio unig berl y llydan fyd,
Ac heb ei chael. Ac, ust, roedd sŵn fy nghamre'n
Deffroi'r holl eco pell—a chyn daw'r wawr,
Hwyrach mai'm gwaed a gwaed fy Esyllt i
Gymysgir ar y lloriau llathraidd oer!

"Ond ar fy ngrudd roedd anadl gynnes merch
A pherarogledd; teimlwn law wen ddrud
Yn gorffwys ar fy mron. O hapus law,

Trystan ac Esyllt

Fel dedwydd enaid yn ei nef o'r diwedd
Ar ôl ei ludded, felly roedd dy law,
Yn crynu'n hapus ar fy mharod fron!
Tu allan, distaw nos ar hyd y wlad
O fewn dau enaid ym Mharadwys serch.
Tu allan, porthor March yn gelain oer,
Tu mewn, roedd unig ddau y byd mewn gwledd
O gariad unwaith mwy. Fy Esyllt wen,
Y forwyn burwen santaidd, nos y gwaed
Adawodd ôl ei sang ar f'enaid i
Yn wyn a glân, fel yn y dyddiau gynt
Gadawai rhyw dlos Olwen ôl ei throed,
—Os gweli, rywdro, wynder mewn rhyw enaid
Dos i'r gorffennol marw; chwilia am
Y fun adawodd rywdro sang mor lân.
Ond rywfodd, ar y noson dawel honno,
Nos olaf glân forwyndod Esyllt gu,
Fe grwydrodd ysbryd at y castell hen.
Roedd si a siffrwd sidan sang ei droed
I'w glywed ar y dail ar lawnt y gaer;
A chwynai holl gariadus golomennod
Y brenin March, a thrydar glywid gan
Y serchog adar ar rodfeydd y plas.
Yr eos hefyd, drist aderyn gwae,
Y lân ddi-gymar brudd gantores, oedd
Y noswaith honno'n canu mwy o serch,
Pan hedai'r ysbryd ar adenydd gwyn
I'm henaid i ac Esyllt. Gwrido wnaeth
Dan newydd eiriau cariad, ac ymwasgai'n
Dynnach i'm calon gydsymudol i;
Ac yn ystafell Esyllt nes oedd gwawr
Yn codi'n wridog oddi wrth ei serch
A'i hoff Dithonos, rhedeg, wnâi yr oriau'n
Drymlwythog dan eu hanghynefin faich—
A Duw uwchben yn gwylio'r cwbl oll!

W. J. Gruffydd

V.

Llyma Drystan ymhoen eto, am gymeryd ohono wraig ei ewythr; a hyn eilw rhai difinyddion yn bigiad cydwybod.

"Dros ben y môr, y bore, edrych wnawn
A hunan arall heddiw yn fy mron.
O'm hôl roedd holl gredôau'm hieuanc ffydd
Yn dyrfa fawr newynog; ac o'm blaen
Roedd nef a daear newydd oll i gyd.
O'm hôl roedd gwanwyn ieuanc, lle'r oedd blodau
I gyd yn wyn heb eto wybod sut
I wrido dan gusanau hafaidd haul;
O'm blaen roedd hydref yn ei gyfoeth llawn
Yn chwyddo'r ffrwythau ac yn wrid ar goed,
O'm hôl roedd cariad bywyd at rhyw dduwies
A elwid Esyllt gan y byd—i mi,
Heb enw, am mai hi yn unig oedd
Yn trigo cread fy mreuddwydion oll:
O'm blaen roedd serch at wraig o ferched dynion;
Calon i galon gurai lanw serch,
A bron ar fron fradychai'r crynu distaw;
Nid caru o bell yn oer rhyw dduwies wen,
Ond agos agos garu calon gwraig:
Ai nid ar wallt sidanaidd merch o gnawd
Y dawnsiai lloer Gorffennaf drwy y dellt?
Ai nid mêl-ruddiau rhiain welais i
Yn rhosliw ar yn sindal oeraidd gwyn,
Yn oriau neithiwr, fel pan ar yr eira
Ymwrida rhyw ddiweddar fachlud fu'n
Rhy hwyr i golli'i hun yng nghyfoeth haf?
Ai nid cusanu melys merch oedd eto'n
Hir-losgi ar fy modlon wefus i?

Trystan ac Esyllt

"Ond O, bu brwydr yn fy nghalon i
A phan roedd Serch yn galw buddigoliaeth
Dros hawliau March, a'r lladdfa'n fawr a thrist
Pan alwn Esyllt mwy fy ngwraig yn wir
Yng nglân briodas ddi-offeiriad Duw;
Mi welwn gysgod uffern ar y llen
A dydd fy serch tywyllach, duach ai.

"Ond estron wylan dros y gwenyg beilch
A ddaeth, a dwedodd imi'm calon oll
Dywedodd wrthyf am rhyw fyd yn ôl
Lle nad oedd cariad byth yng ngwisgoedd galar
Lle nad oedd oeraidd Farch yn ceisio byth
Oddiar un Trystan dlawd ei unig em.
A chofiais am fy mhoenus Esyllt wen
A'i llygaid mawr yn llawn o'm dagrau i,
A thros y llen daeth dydd drachefn yn wyn.

VI.

*Llyma briodi Esyllt, a Thrystan a ddihengis i Lydaw, ac Esyllt
Llydaw yn trwsio ei glwyf; a chan faint ei ddiolch yntau a'i priodes.
Llyma hefyd ddiwedd ystori Esyllt amdano'i hun.*

"Bu lawen iawn briodas Esyllt wen,
A mi drwy'r dydd yng nghlefyd siomiant serch,
A hyrddid ôl a blaen; a'r nos a ddaeth
A llawen chwedl wrth y bwyd a'r gwin,
A'r delyn felys ganai ddawns y wledd.
A phan oedd March yn drwm gan win a serch,
Arweiniwyd Branwen, ffyddlon forwyn Esyllt,
I le ei wraig, ac Esyllt gyda mi
Gydwylem am y glaw yng ngoror serch,
Gydganem am yr heulwen yn yr haf.
A chyn daeth gwawr, fy hun dros gorsydd Cernyw

W. J. Gruffydd

A grwydrwn tua'r môr, gan adael Esyllt
I fagu ac anwylo'i hiraeth syn.
A mi heb wybod ble yr awn, o'r diwedd
Ddois atat tithau, Esyllt fwynwen Llydaw,
A'th ddwylo gwynion roddaist ar fy nghlwyf,
A rhedodd bywyd trwof fel o'r blaen.

"Dan rin dy wenau santaidd a than swyn
Dy felys serch, anghofiais Esyllt wen,
A'r dydd ddilynai'r dydd a'r nos y nos,
A llawer lleuad newydd ddawnsiodd ar
Y tonnau brigwyn ar y gorwel pell,
Lle safai Cernyw, ond i mi ni ddaeth
Na hiraeth nac un gofid amser maith,
Ond anghof creulon oerai'm bron i gyd.

"Ond cofiais Esyllt unwaith—fe ddaeth gŵr
O gyrrau Cernyw soniai am lygaid du
Yn ddistaw syn, yng nghanol llygaid gwibiog
Yr ysgafn-galon a ddilynent Farch.
Fe soniai am y wefus falch ac oer
Yn fud yng ngwychter llysoedd tywysogion,
Dywedai am ochenaid aml March,
A soniai am yr ysbryd welodd dynion
Nosweithiau yng Ngorffennaf, dros y don
Yn syllu tua Llydaw; yno gwelsant
Y ddwyfol fron yn codi gyda gofid
Ac yna'n gostwng dan ochenaid drom,
A minnau'r diwrnod hwnnw es yn wallgof.
Dros gorsydd crwydrais ac ogofau pell;
Yng nghanol lladron a llofruddion ceid
Fy nghrechwen i yn uchaf: rhwng y beddau
Ces ddedwydd gartref aml noson lawog,
A chyda'r genfaint dan y deri glas.

Trystan ac Esyllt

"Ond un boreddydd gwelais anferth gaer,
A nesais ati; yno Esyllt roes
Ei dwylo ar fy mron, ac wedyn clywn
Berarogl ei thresi, uwch fy mhen,
A'i gruddiau'n dod fel cwsg yn araf im.
Ac ugain mis, yn llys y falch frenhines,
Estynnwyd nefoedd imi cyn fy medd.

"Deuthum yn ôl, dan lid y brenin March,
I'm cartre'n ôl i geisio cysur gwael
Mewn enw gwag, ac ambell nodwedd tebyg, —
Rhyw wên ddihangol yma, golau acw
Yng nghwr y llygaid, yma tôn y llais,
Acw rhyw ddieithr wasgu'm llaw yn dynn,
—Yn ôl i Lydaw, eto'i eiste'n brudd
Yng nghymanfaoedd dynion pan fai ffawd
Y genedl yn y glorian; meddai un,
"Mor wallgof ydyw eto!" Dwedai arall,
"Gormod o foeth hapusrwydd fu ei ran
O, na chai wae ychydig yn ei oes
I ddangos ddifrifoled ydyw bywyd!"
Felly llefarent beunydd ynfyd air.

"Ond nid anghofiaf; fe ddaw dros y don
I roddi ei dwylo eto ar fy nghlwyf,
I wyro'i hwyneb dros fy wyneb i,
A gwenu'r gyntaf wên er pan adewais,
—Ond ambell wên golledig wrthi'i hun,
Pan dybia'm gweled yn ei breuddwyd, neu
Pan wêl yng ngolau gobaith ddyddiau gwell."

Distawodd Trystan, yna trodd ei wedd
At Esyllt arall, safai yn ei wydd.
Ar rudd y riain lân roedd gwelwder bedd,
Ac ofnus ddychrynedig drem yr un

Fo'n syllu'n llygad oer marwolaeth.
A safai'n syn i wrando'r geiriau creulon.
"A thithau, bychan wyddet, Esyllt annwyl,
Pan redai'th wynion ddwylo dros y clwy,
Pan elwaist fi yn eiddo it ryw ddydd,
Pan synnet glywed newydd sain dy enw'n
Datguddio milfyrdd wyrthiau yn fy llais,
—O bychan wyddet mai nid Trystan gest.
Roedd hwnnw 'Nghernyw beunydd, nos a dydd
Mor hoff y tynnet law wen drwy fy ngwallt,
Pan alwn 'Esyllt,' a phan dremiwn gynt
I wyllt bellterau'th lygaid, ond nid oeddit
Ond cnawd i wisgo enaid fy mreuddwydion."

VII.

Llyma Drystan yn disgwyl Esyllt ei gariad, a'i wraig yntau gan ei diced yn ei dwylo. Llyma hefyd ddiwedd Trystan ac Esyllt, a Duw o'i rad a roddo decach hynt i bob gwir gariadon.

Drwy'r nos y cerddai'r gwyliwr ar y tŵr
Yn syllu dros y gorwel. Yna 'mhell
Tu hwnt i'r brigwyn donnau gwelai hwyl
Yn ddisglair wen aflonydd dan y lloer.
Cyflymai'i gamre tua gwely Trystan
I adrodd hynt y llong: "Os gweli long,"
—Fe gofiai'r gair—"a'i hwyliau'i gyd yn wyn
Bydd bendith i dy arglwydd, ac i ti
Fawr ennill yng ngwylfeydd y gaer. Ond os
Mai du yr hwyliau, brysia at dy arglwydd,
Arch iddo farw, yna dos dy hun
I grwydro'n unig ar bellennig draeth—
Na ddychwel mwy i gofio marw Trystan."
Ac wrth y porth y safai Esyllt—"Beth,"
Eb hi, "yw lliw yr hwyliau ar y llong?"

"I Dduw bo'r diolch," meddai, "gwynion ŷnt."
At wely Trystan cerdda'n falch ymlaen:
"Ha, Drystan," eb hi wrtho, "gwych yw iti
Mewn geiriau hirion sôn am ynfyd serch,
'Nyni ein dau,' ac 'unig ddau y byd,'
Yr unig ddau!—ni chofiet am y wraig
Fu'n treulio'r nosau hir mewn glaw o ddagrau,
A'r dyddiau'n storm o boen a gofid llym.
Mi'n 'gnawd i wisgo enaid dy freuddwydion,'
A'm dyheadau oll yn torri ar
Ddigroeso graig dy galon estron di!
Myfi'n ddiblentyn, dirmyg gan bob gwraig,
A'r ysgafn-galon ynfyd yn y llys
Yn gwenu gwawd a sibrwd dan eu hanadl,
Ond ha, daeth diwedd ar dy nefoedd serch;
Ddisgwyli di dy Esyllt eto'n ôl?
Ddisgwyli di i frenhines Cernyw oll
Adael ei theyrnas a'i gogoniant uchel
Er un a eilw'i hun yn 'grwydryn serch'?
Ai nid mil gwell yw magu plant i Farch,
A gwenu gwenau gwraig i'w lygaid oer,
A sibrwd geiriau gwraig i'w glust bob nos?
Mae'r llong yn dod dan hwyliau duon oll,
A thithau fyddi farw heb un wraig,
Na mi na'r Esyllt a'th anghofiodd di!
A dyna ddiwedd holl weithredoedd serch."

Fel ofnus hydd yn rhedeg draws y wlad
Drwy'r hafddydd twym a'i galon bron diffygio,
O'r diwedd wêl ymhell rhyw noddfa siŵr;
Ar hyd y creigiau rhed â newydd nerth
Nes cyrhaedd man ei noddfa; yna gwêl
Mai siomïant chwerw oedd ei obaith oll;
Fel un yng nghwsg, gorwedda ar lawr y glyn,
A byr anadla olaf drallod oes:

W. J. Gruffydd

Felly bu farw Trystan dan ei glwyf.
Roedd siffrwd sidan wrth y drws, ac yno,
Roedd llygaid unig ferch y ddaear hon
Yn syllu'n wyllt ar wyneb gwelw Trystan.
Heb waedd na chri yn araf cerddai'n mlaen.
Ar ôl rhyddhau ei gwallt, gorweddodd ar
Y gwely gydag ef, ac yn ei llaw
Cymerodd law ei chariad; ar ei fin,
Ei farw fin, gosododd gynnes wefus,
Ac ar ei fron, ei stormus fron ei hun.
Ac yno pan oedd gwawr ar dorri'n llwyd,
Fel y bu fyw ei horiau hapus oll
Ar fron ei chariad, rudd wrth rudd fel cynt,
Bu farw Esyllt, unig ferch y byd.

Menna Glan-y-Llyn

Mae yn yr Eglwys ar y bryn
    Hen golofn Dewi Sant
Mae tyrrau dinas yn y llyn
    A'i llysoedd ceinion gant;
Rwy'n hoffi gweld y golofn hen
    A'r ddinas—ond mwy gwiw
Yw'r fangre am fod Menna Rhen
    Ar lan y llyn yn byw.

Nid yw o bwys pa beth fu hynt
    Y ddinas yn y llyn.
Neu a ymwelodd Dewi gynt
    A'r Eglwys ar y bryn
Ond hyn sy'n bwysig—a yw'r ferch
    Sy'n byw ar lan y lli
Yn cadw congl fach o serch
    O dan ei bron i mi?

Os ydyw, hi gaiff ddod ryw dro
    I'r Eglwys ar y bryn
Cawn godi cartref ar y gro
    Uwchben hen dyrrau'r llyn
Ni wn a wylia Dewi Sant
    Dros dyrrau'r ddinas hen,
Ond gwn caf ddyddiau gwynion gant
    Ar aelwyd Menna Rhen.

(1908)

Ynys yr Hud
a Chaneuon Eraill (1923)
I goffadwriaeth Annwyl
Alafon

Breuddwyd

Blodyn ac ywen ddu
    Uwch gwyrddlas lawr,
Dan gysgod distaw hir
    Y mynydd mawr:

Bronfraith ar frig y pren
    Yn prudd delori,
A'r awel grwydrol yn
    Isalaw iddi.

Pelydryn gwan bob nos
    O olau'r lleuad;
Rhywun yn wylo'n drist
    Ar fedd ei chariad.

(Rhydychen, 1900)

Ymddangosodd y gerdd hon dan y teitl *Y Bedd* yn *Cymru* yn 1900.

Lleisiau'r Fynwent
(*Yn null* Friends Beyond *Thomas Hardy*)

Yn Llaniolen wrth yr eglwys,
  Clywais leisiau yn y gwynt;
Sibrwd roeddynt yn doredig
  Wrth a'u carai, ddyddiau gynt—

Rhobert Wiliam, gŵr y Sgellog,
  Elin Morys, gwraig y Rhos;
Dafydd, Tomos, Gwen y Goetre,
  Sibrwd wnaent ym min y nos.

Pawb

Torrodd bore di-ofidiau
  Ar holl boenau'r anial daith:
Nid oes ofid ynom mwyach,
  Nid oes yma rudd yn llaith.

Dafydd

Dydw i'n hitio'r un pen botwm
  Os difetha'r gwair i gyd;
Waeth gen i os bydd dail tafol
  Ar y Sgellog hefo'r yd.

Elin Morys

Chwi gewch dorri'r llestri gleision
  Gedwis ar y dresal cŷd;
Ddwrdia' i ddim os llosga'r bara,
  Waeth gen i fod y glo yn ddrud.

Rhobert William

Ewch a naddwch seti'r capal,
  O blant bach, os leiciwch chi;
Os daw'r hogia o'r ffair yn feddw,
  Dydi hynny'n ddim i mi.

Gwen y Goetre

Gelli wisgo'r siwt o sidan
  Gedwis at 'y mhriodas, Siân;
Ti gei briodi Wil, os mynni,
  A rhoi 'mhetha yn y tân.

Pawb

Nid oes yma ddim i'n poeni,
  Melys iawn yw'n hun a'n hedd:
Cawsom lawer gofid llynedd,
  'Leni, distaw iawn yw'r bedd.

(Beaumaris, 1905)

Gwerfyl Fychan

Yn irder ei blynyddoedd gwelodd hi
   Y byd yn dawnsio heibio; ar bob pen
Roedd coron goch o ros, a'r tresi ffri
   Yn sidan esmwyth ar bob mynwes wen;
Yn yr awelon, roedd aroglau gwin
   A mwsg, a holl bersawredd meddwol hud;
Aeddfedrwydd mil cusanau ar bob min,
   Ac ymhob calon holl lawenydd byd.
Cymerodd hithau'i thelyn yn ei llaw,
   A chanodd gerdd y dyrfa—haf ei hoes
Ddiferodd iddi, haul a gwlith a glaw—
   Yn gerdd anfarwol feiddgar; yna troes,
A'r deigryn ar ei grudd, oddi wrth y llu,
A cherddodd heb ei chân i'r gwyllnos du.

(Beaumaris, 1905)

Llanfihangel Dinsylwy

Yn eithaf yr ynys hen dawel
    Anghysbell, yng ngolwg y lli,
Wrth forlan lle troella yr awel
    Yn nhresi y waneg wen ffri,
Ar lechwedd lle gyntaf cyferfydd
    Bob bore y tonnau a'r gwynt,
Mae mangre bellennig lle derfydd
    Pob crwydryn ei hynt;

Lle derfydd pob gŵr ei ddymuno,
    Ac isel yw goslef pob cri,
A'r hiraeth anesmwyth yn huno,
    A'r beilch yn anghofio eu bri;
Hir orwedd dan wyllion adenydd
    Sidanblu marwolaeth byth mwy,
Dros heddiw a fory a thrennydd
    A thradwy wnânt hwy.

Pan ddechrau y tonnau gynhyrfu
    Dan fflangell y gogledd oer fron,
Pan godo'r taranau, a thyrfu
    Yn nyfnder gofidus y don,
Fel hunllef o frôydd cyfaredd,
    A gwaniad ei dolef yn hir,
Yng ngherrynt y gwynt didrugaredd,
    Daw'r wylan i dir.

Daw'r wylan i dir i lechweddau
    Sy'n heilltion gan halen yr aig,
Sy'n wyrddion gan wanwyn y beddau,
    Sy'n greulon gan gryfder y graig.
Herodraeth y môr at y geirwon
    Feddfeini ddolefa hi mwy—
"Rhowch imi, o feddau, eich meirwon,
    Fy mhlant ydynt hwy."

(Beaumaris, 1906)

Y Pictiwr
(Yn ôl Heine)

Wrth donnau Menai lonydd
    Yn llwyd a llwm ei wawr,
Mae hen eglwysty tawel
    Y Fangor santaidd fawr.

O fewn i hwn mae pictiwr
    Mewn ffrâm o ruddaur pur,
A hwn fu'r cysur pennaf
    I'w gofio yn fy nghur.

Ac yn y llun mae blodau,
    A'n Mair Fendigaid ni,
A'i gwallt a'i grudd 'run ffunud
    Â gwedd fy nghariad i.

(Beaumaris, 1906)

Dafydd yn ei Fedd
(Im Memoriam D. H.)

Gwrando'n torri dros y rhos
    Gyfarth pell y crwydrol lwynog,
A thrwy awyr llaith y nos
    Gri y ddafad yn y frwynog;
Yn y corsydd nid oes hedd
Am fod Dafydd yn ei fedd.

Nid oes raen ar waith y gŵys
    Na thaclusrwydd yn y dalar;
Mae pob gwrych mewn anhrefn dwys,
    Ar bob adwy ddillad galar;
Nid oes law all lywio'r wedd,
Am fod Dafydd yn ei fedd.

Gwêl y fargod gam, a phig
    Ynfyd rwth y das eleni;
Oni wêl un llygad dig
    Ddrych yr ardd a'i du drueni
Wrth y drws fe bydra'r sedd,
Am fod Dafydd yn ei fedd.

(Llanddeiniolen, 1907)

Coed Nant-y-Garth, 1188-1908

Pa lu yw hwn sy'n ymdaith trwy dy goed?
    Ar ba ryw bwysig berwyl tros dy nant?
    Pa hudol leddfdon lais sy'n dwyn dy blant
I ba grwsâd? I ba bellennig oed?
Gnawd llifo dagrau Olwen ysgafn droed,
    Gnawd geiriau tristyd tros ei chwyraidd fant.
    Ni ddychwel hwnnw mwy o'r Ganaan sant
Na welodd ond dy Ganaan di erioed.

Yn iach, galonnau dewra' Cymru achlân
    I wared bedd yn nhywod Dwyrain bell!
        Nid ofer clwyfau'r dewr, nid ofer gad
Fydd colli'r maes wrth fin Ei feddrod glân.
    Daw dydd eich gwobrwy, pan fo Cymru well
        Yn ymladd brwydrau Duw mewn gwell crwsâd.

(Caerdydd, 1908)

Goronwy Owen
yn Ffarwelio â Phrydain

Mor agos eto'r lan, a'r llong yn troi
Ei chwysi llaith mor rhigil, gefn ar gefn;
Fel yna'r arddai gwŷr fy ynys i,
Flynyddoedd maith yn ôl, cyn rhoi o Dduw
Ei addas benyd ar ysgwyddau'r gwan—
Brodorion hirion gwlad y medd a'r mêl,
Yn camu'n hanner llesg dros erwau bras
Tyddynnod Llanfair, pan fai'r bore haul
Yn sbîo'n glaear dros y Gogarth lwyd.
A, Lanfair bell, ar fron y niwlog ros,
Mor gu oedd chwarae yn dy rug a'th frwyn,

W. J. Gruffydd

Yn nyddiau'r breuddwyd, pan yn gwylio'r nos
Yn araf gau am dduach nos dy lawr;
Pa le mae'r cestyll a beiriennais gynt,
Ar rodfa'r traeth, yn niffrwyth ardd y môr
A'r enw hwnnw—"Gronw Brifardd Môn"—
A dorrodd llanc ar fynwes y Traeth Coch?
Fe gerddodd trostynt lawer ton, mi wn,
Mewn balch gynghorfynt a didostur rwysg.
Bu llawer llanc yn torri'i enw brau
Ar ôl Goronwy, a llythrennau aur
Rhyw annwyl enw yn gymhleth. A fu ffrwyth
O'u gobaith gwladaidd ac o'u distadl arch?—
Gwell ffrwyth nag i "Oronwy Brifardd Môn"?
Gwynfyd na bai ryw lwydaidd do o wellt
Yn cuddio aelwyd imi ar dir Môn,
A minnau'n ŵr y ddaear, yn trin tail,
Neu'n cloddio'n grwm o blygain hyd yr hwyr!
A cher fy llaw fy nhlodion bychain oll
Yn fochgoch ddiboen—O, am un sy ym medd
Yr estron yn unigrwydd Walton bell!
A, flodyn teg a wywaist ar oer ros,
Y cïaidd Sais. A! ferch olaubleth lon,
Na fedrud lwybrau'r weilgi gyda mi!

Mor agos eto'r lan, a ni cyhyd
Yn trosi'n nidrugaredd gafnau'r môr.
Mor fer fai'r daith yn ôl i dario dydd
Yn hwy ar fron y Brydain wen—un dydd
I ddatrys hen gylymau, i roi golau
Ar lawer hen gamddeall rhwng rhai hoff,
I addef beiau wrth y Llew, a chael
Ei wên yn wobrwy edifeirwch gwir!
Mor fach fai'r gair—un sill, un osgo pen,
Un deigryn bach i ddwedyd gofid oes.
Ond mwy, ni all tafodau fil o dân

Goronwy Owen
yn Ffarwelio â Phrydain

—Ynganu hwnnw—A! y geiriau hwyr,
A'r dagrau wedi'r oed a'r osgo ofer!

Ebrwydded fyddai tramwy'r llwybrau gynt
A gerddais cyn crynhoi'r cymylau du—
I eistedd ar gamfeydd y wlad, a'r gwyll
Yn dechrau llwydo dros Rydychen hen,
I wylio saethfa pob rhyw binagl balch
Yn ei magwyrydd hi, a chofio ergyd
Rhyw wers, efallai, o hen Homer gynt—
"Machludai'r haul, a'r ffyrdd yn dywyll aent";
"A'r ffyrdd yn dywyll aent!"—a minnau drwstan
Yn ceisio'u troedio heb un golau mwy,
Myfi, arfaethodd gannwyll yn nhir Môn
I olau holl dywyllwch Cymru achlân.

A'r breuddwyd hwnnw—gweled plant fy ngwlad
Yn oesoedd y dyfodol pell yn sibrwd
Mawreddog eiriau'r hen Wyndodeg wen
Yn rhwysg a rhodres cerdd Oronwy Môn,
A'u huchaf, amlaf ac anwylaf sill
Fy enw i—y gŵr a ddug y gerdd
A'i braint o hir ddadannudd, a roes em
Ar em yn aur yr hen Gymraeg, a'i gwneuthur
Yn ddrudwaith holl gynnildeb ieithoedd byd!
A dyma'r cain freuddwydiwr ar ei ffordd
I geisio bri'r Gorllewin di-Gymraeg,
Gan adael breiniau'r gerdd i'r rhygnwyr mân—
Elisa Gowper, O ardderchog deyrn,
Aer holl dref tad y mawr Oronwy gynt!
Elisa Gowper, gwyn dy fyd dydi!
Er rhygnu'r gân ar delyn ridyll doll,
A'th awen gloff dros war pob corfan gam
Yn maglu fel hen gaseg ddall mewn cors—

W. J. Gruffydd

Ond gwyn dy fyd, yn treulio ofer oes
Yng Ngwynedd wen, heb un arswydus swydd,
Na dioddef pwys y parchus enw hwn.
Ni chefaist ti'r digalon aros hir
Am wên y coegfalch esgob—a phwy ŵyr
Na wobrwyasai ef dy rigwm di
Â rhenti bras rhyw blwyf ar fynwes Môn?
A mi yn codi llef mewn estron oes,
A chanu telyn y proffwydi gynt—
"Telyn ni roddwyd dwylo ar ei llorf,"
Ond dwylo gwan Goronwy—a ddaw'r awen
Fel Einion gynt o Fôn, i dynnu'r tant
Cyn llwyr briodi'r wen Gymraeg â chân
Elisa hurt mewn aflan neithior oer?
Mor uchel sŵn y don â chreulon awr
Mewn germain llaes wrth ystlys frau y llong—
Rhy uchel i un llais fy nghyrraedd mwy
O wlad fy ngeni—ac mae'r cyndyn wynt
Sy'n chwipio'r llanw â'i ysgyrsiau blin
Yn awel heno ar dir Môn, yn troi
Esmwythder dan y nos i'r gwylaidd ddail,
Yn goglais gwedd y blodau, ac yn gwneuthur
Y cynnar gnydau'n fôr o donnau mân.
Pa droed sy'n crwydro heno'r gynnes ardd
Lle bu Goronwy'n rhodio fis y dail—
Yn Northolt, pan oedd ebrwydd lif yr awen?
A dyf hi'n chwyn o golli'r garddwr hoff?
Neu a ddaw eto fedrus fysedd un
All ddenu bywyd i'w diffeithwch trist?
Ni bydd yn eisiau arddwr, er i'r llaw
Ymadael, a'r gofalus lygad fynd,
Fu'n gwylio'r bywyd cryn yn codi'n wylaidd
Drwy wlith y bore bach. Bydd eto law
I fwyn anwylo'r rhos, a chodi'r chwyn,
A phlethu'r deildy rhwng ei gwrychoedd hi.

Goronwy Owen
yn Ffarwelio â Phrydain

A! awen Cymru, mynych ar ddydd haf
Dy flodau di, bûm innau'n tynnu chwyn
O lwybrau'r ardd, ac â charedig law'n
Anwylo'r blagur yn y bore wlith.
Trist oedd dy wedd, pan welais gyntaf di—
Dy las rodfeydd yn ddrysni athrist brwnt,
Â'r chwyn eu hun yn marw ym medd dy flodau!
Y lawnt a blannodd Dafydd gelfydd gynt,
A deildy Aled, herber Wiliam Llŷn,
A cheinder garddwyr Cymru achlân—y cwbl
Yn garnedd mewn mieri mall a drain
A marwol ysgall—a phan oedd fy nydd
Yn tynnu tua'i anterth, cyn crynhoi'r
Cysgodion du a'r gawod wedi 'nawn,
A maith ddiflino lafur, gwynfyd oedd
Cyfodi'r gwrych a thrwsio'r herber glas,
A llosgi'r chwyn o lawnt y cywydd gwin!
A, selog arddwr, lle mae hwnnw'n awr?
A edy'r ardd yn nythle'r dylluanod
Ac aflan ednod nos, hil Elis Gowper?
Fe ddaw ymgeledd eto, ni ad Duw
"Ardd lysiau'r gerdd luosawg" heb un gwrych,
Na chynnil law i drwsio'r hen rodfeydd.
Ym mhellter rhyw amgenach oes, bydd un
Yn synnu pwy fu'r garddwr aflerw gynt
Ymdrechodd gymaint, wnaeth cyn lleied gwaith.

Mor flin yw hynt y tonnau yn rhoi llef
I wanc diwala'r môr—ond mwynach im
Yw goddef eu cymhelri hwynt, na thrwst
Y lladron Seisnig sydd yn bla drwy'r llong.
A! hil y diawl, rhy hir y porthais chwi
A'ch plant â'r bara oedd yn eiddo'r Cymry,
Ym mhlwyfi llwm eich gwlad, a rhoi o'ch blaen

W. J. Gruffydd

Wledd fawr benigamp, etifeddiaeth beirdd
A thywysogion Cymru—chwithau, gŵn,
A llesg olwynion eich meddyliau pren
Yn methu troi gan bylni ac aflendid.
Ni wyddech werth y darmerth mau, a'r plant,
Oedd biau'r wledd, yng Nghymru bell—a'r gwŷr
Oedd oruchwylwyr dros eu henaid oll
A'u sythfryd cas yn cadw y preiddiau draw,
Esgobion urddol Crist, a bonedd Duw!
Gwynfyd na bawn ryw Rowndiad hir
Yn ysgyrlwgach geiriau uwchben haid
O Gymry coesnoeth mewn ysgubor lwyd!
A chyn caiff Cymru golli'i llên a'i hurdd,
A dysg ei meibion gorau, ar bob bryn;
Ac ymhob pant bydd scubor y Disentar
A pherlau'r iaith yng nghadw y Rowndiad trist
Pwy ŵyr na chlywir eto yng Nghymru lef
Rhyw Filtwn arall, mewn amgenach oes
Nag oes alltudiaeth "Gronwy Brifardd Môn"?

Ond A! cyn delo hynny, bydd gwlad bell
Y llwyd Orllewin, lle mae'r eddyl coch,
Gwir gethern y cythreuliaid, wedi'm cael,
Myfi a'r Elin rywiog olau wen.
A'r plant a garaf! hwythau'n tyfu'n wyllt,
Heb wybod hanes y Brythoniaid hen,
Na gwiw gysongerdd awen yr hen feirdd,
Ond chwythu'n fyngus eiriau'r Sais o'u safn,
A siarad am y meirch, neu sut y tyf
Y gwyrdd gynhaeaf sydd yn dechrau tarddu,
Neu beth oedd pris y farchnad 'fenyn ddoe!

A fi! A, Gymru annwyl a'm gwrthodaist—
Myfi a'th garodd gymaint pan oedd nwyf
Fy awen ieuanc mewn caethiwed it,

Goronwy Owen
yn Ffarwelio â Phrydain

A holl freuddwydion maboed teg ynghlwm
A'th fywyd tithau—pan ddaw meddwl it
Am ryw Oronwy ganodd unwaith, ond
A gollwyd na bu sôn amdano mwy,
Rhy hwyr fydd iti 'ngalw eto'n ôl,
Er imi ddianc o rwth safn y don,
A heiniau marwol gorsydd y wlad bell,
A chyllell ei mileiniaid cochion oll.

Mor bell y lan yn awr, a dacw bentir
Yr ynys wen yn cilio yn y niwl,
A throsto'n wan, bellennig fryniau gwyllt
Fy Nghymru wen—A! gorthaw, don, a thro
Dy feirch am eiliad tra rhof olaf lef,
A ffarwel trist i'r gobaith llwydaidd draw.
"Gwylia, fy ngwlad, rhag ofergoelion" mall—
Nid ofer goel y Rowndiaid, na chred ffôl
Y Rhufain bell, ond gwylia'r felltith agos,
Esgobion, ac arweinwyr, a gwŷr mawr.
Hwynthwy a yrrodd yma dy Oronwy,
Hwynthwy a yrr dy feibion eto ymhell,
I ddiffaith frôydd, i droi'r sychtir cras
Yn foddfa gan heillt ddagrau'r alltud trist.

Ffarwel, fy ynys wen; ffarwel, fy merch,
Sy'n gorwedd ar fron Walton yn dy fedd!
Ffarwel, hen rosydd Llanfair, a'r Traeth Coch;
Ffarwel, y gerdd; ffarwel fy ngobaith mwy!

(Tongwynlais, 1909)

Yr Arglwydd Rhys

I.

Y Llannerch

Ar lydan fron Deheubarth, lle mae'r wig
Yn cerdded ael y bryn, hyd nes bo dail
Y prysgwydd pellaf yn nŵr llyfn y lli—
A'r teithiwr ar ei hynt ni ŵyr pa un
Ai lili'r dyfroedd ynteu lili'r lan
A wêl yn odre gwyn ar wisg y coed—
Yno, yn hirfaith oror fforest Tywi,
Fel ynys werdd ar fron y gwyrddach lif,
Roedd llannerch glir, lle hoffai'r Tylwyth Teg,
Ryw oesau'n ôl, dan oriel fawr y dail,
Roi clust i bob ryw isel welltyn gwan
I wrando cyson gerdd eu buain draed
Yn troi yn hynt a dychweliadau'r ddawns.
O'i gylch, fel milwyr beilch yn sefyll byth
Yn ufudd i ryw bendant arch a roed
Yng ngwyll y dyddiau cynnar, cyn bod cof,
A'r hwn a roes yr arch heb ddyfod mwy
I weld ufudded oedd ei weision—felly,
Yn fud warcheidwaid, heb un symud mwy,
Y safai'r prennau; ond pan fyddai'r gwynt
Yn treisio'r dail gan ddwyn eu hanrhaith gwyrdd
Yn drysor drud i'w ffau ar draws y môr,
Yna, gan ochain distaw ddirgel wae,
Cyfodai a disgynnai'r breichiau mawr.
A phan ddoi trymnos haf ar fron y dail,
Fe gysgant hwythau hefyd, a thrwy'u hun
Yn gwylio'r llannerch werdd, gan gofio'r arch.
Yma cyfododd Rhys ei hafod ddail
Yng nghysgod y ffynidwydd, ac uwch ben,
Ni wyddit ai cysgodau'r dail ai'r dail

Yr Arglwydd Rhys

Oedd yn cymhlethu'n wasgawd tros ei do.
Yno ni ddeuai sŵn o helynt byd
Na blinder rhyfel; yno roedd yr awel
Yn win ar glwyfau ac atgofion hen;
Yno nid oedd freuddwydiwr, ond pan fai'n
Breuddwydio mai llesg freuddwyd oedd y byd,
A'i holl obeithion ond rhyw ledrith gwan,
A'i holl ofalon ond rhyw hunllef haf.
Weithiau, cyfodai'r afon wannaidd lef
Ar ganol nos, pan gysgai'r dail a'r blodau,
Ac weithiau, ar ryw nawnddydd twym, pan oedd
Yr afon mewn perlesmair melys hun,
Yr oedd y wig yn delyn o dan law
Yr awel gynnil. Weithiau deuai hydd
Gan dorri llwybr drwy y prysg a'r dail,
Ac â synedig drem ei lygaid dwys,
Fe giliai'n ôl yn araf tua'r coed.
Drwy lesni'r lawnt, roedd sgarlad y pabïau
Yn lliwio dyfnach lledrith dan y coed,
Ac, yn eu hymyl, distaw glych y wig,
A dirgel serch, yn clymu o gylch gwraidd
Y syberw aethnen, pennaeth llwyth y dail.
Yma, yn gwrando ar gyfrinach ddwys
A swynion byd y goedwig, safai gŵr
A'i bwys ar ysgwydd gadarn hen lwyfanen
Ddyrchafai'i chnotiog freichiau tua'r haul,
Os haul yn wir y tes ysblennydd tirf,
A dreiglai dros y wig, fel gwlith dros ddail,
O'r anwel pell, tu hwnt i'r goron las.
Fel haul y goedwig, yn rhyw hanner aur
A hanner cysgod, felly tonnai'r gwallt
Dros ysgwydd gref ddiwyro'r Arglwydd Rhys.
Dros olau'i lygaid gleision yr oedd cwmwl
Yn cuddio nwydau poeth y gad, a nerth
Fel llygaid eryr ar faes camp yr haul.

W. J. Gruffydd

A thrwy y cwmwl, pe caet edrych unwaith,
Caet weled syched diddigoni am waed,
A chof am aerweilch beilch y dyddiau fu,
Am dinc y cledd ar fogail y tariannau,
A siffrwd y picellau yn y gwynt.
Ond, bellach, yma yng ngwlad y lledrith mwyth,
Nid yw y cwbl ond cysgod breuddwyd pell,
A'r hen ofidiau a'r hen hoen i gyd
Dan sidan esmwyth blu adenydd hud.
Weithiau, fe ddyry'i law yn chwyrn ar aur
A gemau dwrn ei gledd—a'r cwmwl du
Yn dechrau hel ei odre yn ei drem,
Ond llacia'r llaw, a daw'r cymylau'n ôl.
Amneidia yntau tua'r deildy gwyrdd,
Ac yno, dechrau rhyw delynor mwyn
A chywraint fysedd ar y delyn leddf,
A hithau yn anadlu odlig bêr
Yn farwaidd felys gyson gyda llais
O'r hanner gwyll cydrhwng y dail a'r lawnt—
Fel llais hudoles, pan fo'r hud yn atgof,
Yn denu eto'r galon, hithau'n canlyn
Ond heb un awydd na dyhead mwy.
A thua'r haul fe nofiai'r nodau mêl
Fel gwawn pob miwsig, ac yn ôl fel dail
O'r coethaf aur, i orffwys mwy yn drwm
Ar fron y neb a'i gwrendy, ac i ladd
Pob penderfyniad, pob rhyw awydd gwyllt;
A dyma'r gân a glybu'r Arglwydd Rhys,
A dyma'r gwawn a nofiai rhwng y dail:—

Yr Arglwydd Rhys

Mae'r gweilch fu'n ddewr yn nhrin,
  Yn gorwedd yn eu bedd,
A'r rhwd yn bwyta'r min
  Fu unwaith ar eu cledd:
Ni ddaw i'w byd un gofid mwy,
Mor felys yw eu cyntun hwy!

Y gwan, fu'n galw Rhys
  I'w godi o'i dlodi llwm,
O'i orthrwm mi wna frys,
  Daeth arno gysgu trwm:
Paham y rhaid tosturio wrth
Y tlawd a'i felys huno swrth?

Mae Cymru yn cael nef
  Yng ngwin y Norman hael;
Paham y codwn lef
  I arbed cam y gwael?
Un orig eto huna'n hwy,
Daw'n fuan hun heb ddeffro mwy.

Fel teithiwr hyd rodfeydd y wlad, ar nos
Ddi-awel drymaidd yn yr haf, a glyw
Sŵn afon bell yn rhuo ar ei gro,
Ac yntau yn pellhau, a'r sŵn yn marw,
Fe gerdd filltiroedd rhagddo, ond ni ŵyr
A ddarfu'r sŵn o'i glust—fel yna Rhys
Ni wyddai beidio'r gân a'r arian lais,
Debyced ydoedd hynny i ddistaw lais
Ei enaid ef ei hun yn sibrwd wrtho.
A dwedyd rhin a wnaeth yng nghlust y dail,
A siarad ei wynfydau wrth y coed:

"A! bychan wyddwn, ddyddiau'n ôl, cyn torri
Gwawr desog fy ngogoniant, le mor lân

W. J. Gruffydd

Yw Cymru i orffwyso ar ôl lludd
A thrafferth rhyfel, ac mor esmwyth wyrdd
Yw lawntiau y Deheubarth ar ddydd haf.
A! 'r dyddiau fu, a'r oes o grwydro ffôl
Trwy wyllt droadau ofer daith, a'r llwybr
Dros lymaf ddrain dyrysni Cymru achlân,
Yn ail Ulysses, meistr y celwydd call,
O dir i dir dan lid difaddau dduw
Yn chwilio am Ithaca eto'n ôl,
Ithaca yn ei gwregys môr—pand gwell
Fai iddo yntau aros ar ei ynys
Ar fron y glasfor gyda'i dduwies deg,
Calypso eurwallt, na throi blaen ei long
I safnau'r tonnau am Ithaca bell,
Na goddef bâr ystormydd ar oer fôr,
Nag atgyfodi hen obeithion gwyw
Sy'n llymach gwewyr na'r un siomiant blin?
A, ynfyd! oni wyddit nad oedd rhoi
Dy draed lluddedig ar lawr gwyrdd dy wlad
A rhoi dy freichiau am Benelope
Yn ddigon tâl am oddefiannau'r môr?
Na, mi lafuriais, a gorffwysaf bellach,
Ac nid oes imi a enillwyf mwy.
Pa les fai cyfarth yr hen gadno llwyd,
Hen lwynog Lloegr yng nghil ei wâl? Pa les
Fai galw eto'n ôl i wlad y De
Y cythraul a fu'n troi ei gerddi'n garnedd,
Fu'n chwythu goddaith tros gartrefi clyd
Ei gwyrda, fu'n troi aelwyd lom
Ei mil taeogion yn un foddfa waed?
Na, na—fe ddarfu'r tân fu'n llosgi gynt
Ym mron yr ieuanc, ac mae'r aerweilch dewr
Yn cysgu'n dawel yn y gweryd gwael
Yr ymladdasant trosto cŷd—a Rhys
Yn Arglwydd urddol dros gantrefi'r De

Yr Arglwydd Rhys

A thywyll frôydd Dyfed, gwlad yr hud.
Ym mhellaf wylltaf gwmwd Meirion oer,
Rhwng brig y creigiau crog a'r dwfnllais fôr,
Nid oes un dengyn syn yn rhythu gwedd
Uwchben ei rug a'i hesg na ŵyr am Rys—
Yr Arglwydd Rhys, prif frenin Cymru fawr,
Dyddiwr dros Elfael a Maeliennydd, teyrn
Gwerthrynion, a'i wialen aur a'i lef
Yn cyrraedd pellaf oror Saeson Gwent;
A minnau'n esmwyth, dan fy llawryf gwyrdd,
Yn eistedd, ac ag arfau llymion heddwch
Yn cadw y gwylliaid estron oll o'm gwlad.
A! Rosier, Arglwydd Clâr, A! Wilym Goch,
Hen sarff lofruddiog Brews, mae'ch breichiau
    chwi
Yn flin, mi wn, o estyn tua'r wlad
A chwenychasoch gymaint—chwi ynfydion,
Dau gorgi dall yn udo am y lloer!—
A mi, yn rhwysg a rhodres fy arglwyddiaeth,
Yn dawel foddlon. Nid oes fater gwlad
Na chyngor mwyaf pwysig yn y llys
Na thrown oddi wrtho er cael clywed tinc
Ac undon ddyblyg gân y gog yng ngŵydd.
Nid oes na swydd na dadl a'm daliai eiliad
Rhag gweled darlun newydd gan yr haul
Yn paentio'r llwyni yng nghyflychwr hwyr,
Rhag clywed canig newydd gan y ffrwd
Yn taro mêl gynghanedd gymhleth newydd
O'r graean arian, ar ei gwely llaith,
Neu'r gwynt yn chwiban dawns drwy bibau'r hesg.

A, Gymru! a Ddeheubarth, gynnes fan!—
Garasant hwy dydi, fy nhadau gynt,
Fu'n troi dy dir yn allor, fu yn gwneuthur
Glân offeiriadol gyllell o lafn hir

W. J. Gruffydd

Eu hen elynion, i roi gwaed eu bron
Yn aberth pechod dros Ddeheubarth wen?

A, Rys ab Tewdwr, calon ddewraf Cymru—
Pa ddiben gefaist ti o'th ymladd hir?
Oedd eistedd ar sigledig sedd y teyrn,
Y cerddaist iddi drwy Iwerydd gwaed,
Yn gymaint gwell na heulwen Llydaw deg?
A heddiw, wele nid oes neb a ŵyr
Ofidiau d'enaid yn y purdan poeth,
Tydi, a'r truan a orchfygaist ti,
Trahaearn dlawd, y cysgod brenin gwael.
A minnau'n heulo yng ngwenau cariad Sais,
Arhôaf mwyach, ac â chleddyf heddwch
Orchfygaf diroedd Rhosier Clâr a Brews."

Fel un ar fryn yng Nghymru fis o haf
Yn gwylio'r blin fedelwyr dros y waun
Yn araf boenus symud, ac yn troi
Y wanaf drom i'r aswy, hyd y pen,
Yna yn ôl i ddechrau'r boen drachefn,
Ac yntau'r gwyliwr, mewn rhyw hanner cwsg,
Wynfyda wrtho'i hun a'i esmwyth fyd;
Felly y gwelai'r arglwydd waith pob dyn,
Pob distadl gais, pob uchel ymgais ddewr,
Ac yntau ymhell, yng nghanol ei foeth fyd,
Wynfydai wrth ei felys-flin seguryd.
Mor bell oedd cwrs y byd, mor bell y gwaed
A'r ofn, a'r ochain, a'r dioddef dwys;
Mor bell y ffydd wnai'r anffawd oer yn ennill,
A welai'r llawrwydd dros y cynnar fedd.
Nid oedd pob cais ond rhyfyg, na phob gobaith
Ond golau'r ellyll tros beryglus gors;
Ac yn isalaw i'w feddyliau, lleddf
Oedd sŵn yr afon dros ei graean mân.

Yr Arglwydd Rhys

Cyn hir, a'r dydd yn prifio tua'i nawn,
Dechreuai'r dail ymsymud, yma'n araf,
Acw yn ddiamynedd ar eu coed,
Ac, o ryw fro bellennig, lle nad oedd
Un gorffwys nac un aros, awel ddaeth,
A chrynodd corff y goedwig ag un pang;
Ac, fel yr haul yn rhwygo pebyll nos,
Felly yr awel hithau ar ei thaith
Yn hollti'r cwrlid hud oedd dros y coed.
Yr afon hefyd, darfu'i chanig hi,
A phylai balchwedd y pabïau rhudd.
Fe wyddai Rhys fod newid ar y byd,
Ac arlliw newydd ar ei oes ei hun.
Edrychai drwy y dail, gan ddisgwyl sŵn
Troed yr ymwelydd dieithr ddaw ar hynt
Un waith i oes pob dyn—heb wybod pwy
Ddisgwyliai, ond bod newydd nod yn sŵn
Yr afon dros delynau'r graean mân.

Drwy wyll y coed, gan rannu'r prysg â'i law,
Daeth ato yswain ieuanc. Roedd ei wallt
Yn flodau banadl ar ei ben, a'i wrid
Yn gwelwi gwedd yr afal cochaf fu.
'Rôl cyrraedd godre'r llannerch, crymodd ben,
A thros ei wefus syrthiodd geiriau mêl.
"Fy arglwydd," eb efo, "fy arglwydd dad,
Y mae a'th gais yn disgwyl wrth dy borth."
"Na, na, fy mab," medd Rhys, "rho imi awr
I orffwys eto dan bebyllau'r dail.
Rhyw daeog ydyw sydd yn gofyn help
I glirio'i dir o lymgwn gwaedlyd Clâr,
Neu ryw arglwyddyn bach yn ceisio iawn
Am drosedd rhyw arglwyddyn llai i'w erbyn.
Ni all y dail mo'm hepgor, na ffrwd las
Yr afon ddiog ar ei gwely gro."

W. J. Gruffydd

Fel pan yng Nghymru, drymllyd nawn o haf,
Y cuddir glesni'r nef, a'r awyr swrth
Fel llen o farmor dros bob ymgais dyn;
Ni chyffry'r da o'r pwll o dan y dail;
Ni chyffry'r llesg fedelwr, ac ni ddaw
O lawr y glyn ond llais rhyw gacwn pell
A su fel sŵn y tes yn araf droi;
Ond, yn ddisyfyd, dyma gyffro, try
Y da, cyfodant lygaid, a daw chwant
I'r blin fedelwr i ail ddechrau'i waith,
Ac yn yr wybren wele'r tanbaid haul
Am eiliad eto'n twynnu drwy y llen—
Felly goleuai gwedd yr Arglwydd Rhys,
Ond buan casglai'r düwch uwch ei dâl
A swrth drachefn oedd trem ei lygaid glas.
"Y mae a'th gais, fy nhad," medd Hywel, "wy
Urddol, a gwelais yn ei drem a'i lais
Lym fin diorfod gledd yr Ysbryd Glân.
Yr hwn a'th gais, mae ganddo fellt y nen
I'w galw ar bob dyn yn enw Duw,
A thrwy y wlad, fel gosgordd fawr o'i ôl,
Cerdd Ofn, a Gobaith, Ffydd, a Dychryn llwyd,
Ac ysol dân ein crefydd santaidd ni."
Cyfododd Rhys, ac yno gwelit gyntaf
Y llygaid glas fel llymder glesni cledd,
A'r tal oedd gynnau'n orsedd llesgedd blin
Dan ryw gyfaredd yn gweddnewid dro,
Ac arno'n eistedd, benderfyniad cryf:
Fel, o dan niwl y gwanwyn cyntaf, pan
Fo'r gwyrddlas fôr yng ngwyrth y dawel wawr
Yn un rhyw lyfnder mawr ysblennydd; yna
Heb wybod neb, o groth y gwagle mawr,
Daeth rhywbeth grychodd wedd y lli, a throi
Ei lyfnder mwyth yn wg a digus guwch—
Nid arall ydoedd tal yr Arglwydd Rhys.

Yr Arglwydd Rhys

Cyfododd, a than wasgu'i wain, ar draws
Y llannerch ddistaw'n ddelw pob mawrhydi
Fe droediodd tua'r wig, a chryfed oedd
Yr hud gyfaredd hwnnw tros y fan,
Ti dybit weld rhyw dderwen gref o'i gwraidd
Yn cerdded ymaith o dan wyll y coed.
"Ha," meddai wrth ei gleddyf, "yr wyt flin
Yn ymladd brwydrau Rhys ar feysydd Cymru,
Ac nid oedd mwyach a chwenychit ti;
Enillaist wobrwy gwaed ar lawer breithell,
A phorthaist frain y bryniau gyda'th waith.
Ti flinaist ar udiadau'r bleiddiaid rhwth
Yn ymladd am y wledd ddarperaist iddynt,
Ond bellach, wele newid, a daeth pen
I'r hir segurdod a'th fudanrwydd hwyr.
Wele yr Ysbryd Glân yn galw arnat
I ymladd brwydrau gwell na chweryl Rhys."

II.
Y Crwsad

Uwchben y cuchiog gastell yr oedd craig
Yn foel ddiorchudd o dan belydr llym
Haul cadarn haf; neu pan ddoi'r gaeaf trist,
A'i awyr lwyd mor wyw â'r ddaear, croch
Oedd sŵn y gwynt yn ubain tros y graig,
A'r glaw, ar ruthr wyllt o'i geyrydd llaith,
Yn bwrw'i dostaf saethau ar ei phen;
Ac yn y gwanwyn, pan fai'r doldir gwyrdd
Yn araf daenu mantell atgyfodiad
Dros fedd y gaeaf, yma ar ben y graig,
Roedd llaw y gaeaf eto'n drom, a chrin
Oedd tlodi cawnen brin y gweryd llwyd.
Yma, yng ngolau newydd wawr y byd,
Pan dorrodd llewych Crist tros wledydd cred,

W. J. Gruffydd

Daeth rywdro galon drom, a baich y byd,
Ei bechod, a'i ddidostur wayw yn bang,
I dreulio tawel ddiwedd oes, ymhell
O'i rwysg a'i bomp, efallai i anghofio
Rhyw bechod melys bore oes, rhyw gof
Oedd eto'n pigo, pigo yn y fron.
Yma cyfododd gapel, a phob dydd,
Dros lwydni'r graig, yr âi aroglau esmwyth
Yr oriau a'r llaswyrau tua'r nef.
Anghofiwyd enw'r meudwy hen, a than
Haelionus law balch deyrnedd gwlad y De,
Fe dyfodd cell y sant yn eglwys fawr
Yn codi mil pilerau tua'r sêr,
Yn freuddwyd angel wedi'i droi yn faen.

Ac yma cerddodd Rhys o'i lannerch werdd
Ar amnaid y tywysog; a phan oedd
Ei draed yn deffro eco'r graig o'i gwsg,
Roedd melys ganu ysgafn dôn yn nofio
O borth yr Eglwys sant, fel hwnnw a glyw
Rhyw deithiwr Sabbath yn rhodfeydd y wlad
Pan dawo llafur a'i dafodau heyrn.
Goblygodd Rhys ei ben, a thros y llawr,
Oedd frith gan gywraint we rhyw gelfydd law,
Fe gerddodd tua sedd y teyrn, a'r gân
Yn gwywo i ddistawrwydd tangnef mud.
Ac yna'n glir, trwy dawch y santaidd darth,
Oedd fry yn cludo oriau'r saint i Dduw,
Roedd rhyw offeiriad tristlais yn rhoi tafod
I hen ddyhead ac i wae y byd.
Ni chlywai Rhys y llais, ni chlywai sawr
Yr euraid thuser rhwng gweadau'r main,
Ond gwyddai, dan eu gorchudd marmor gwyn
Fod, yma ac acw drwy yr eglwys, hun
Diddeffro wedi cloi amrannau'i dadau,

Yr Arglwydd Rhys

A nwydau'r gad, ac ofer ferw'r drin
Yn oer ddigyffro yn y gwely pridd.
"A dyma ddiwedd," meddai, "ymgais dyn,
A dyma ddechrau holl firaglau Duw!"

Bu farw gwae'r offeiriad, ac o flaen
Yr allor santaidd, safai un â chledd
Daufiniog Duw yn gwanu'n glir o'i lygaid,
A dyma oedd ei barabl wrth y plwyf,
A'r rhain oedd geiriau cennad Duw i'r byd:
"Mae bedd y Gŵr fu'n gwaedu trosoch oll,
Fu'n goddef ei bum archoll ar ei grog,
Yn gamedd o dan draed anffyddlon gethern,
Heb barch, heb neb i'w wylio, ac heb do.
Rhy hir y teriaist yn d'esmwythyd, Rys,
A'th gleddau'n rhydu yn ei ddiog wain,
A'th enaid llesg yn gwywo heb un maeth;
Rhy hir y clywaist lesmair dannau'r beirdd
Yn cymell cwsg i'th ysbryd: nid oes mwy
Un gorffwys iti nes bo'r cleddyf gloyw
Yn glawio gwaed y peynym dros dir Duw, "ys
A mi'r Archesgob sydd yn dwedyd hyn:
Cyfod, a dwg dy dalaith gyda thi
I wared bedd yr Iesu, ac i roi
Y cysegredig dir yn ôl i Dduw."
Cyfododd Rhys ei olwg, a rhoes dro
At feddau ei gyndadau; ar eu main
Roedd paladr crwydr o'r haul, a'i adain wen
Yn frith gan liw'r ffenestri, wedi aros
Gan droi y distaw fedd yn wyrth o liw.
"Gwêl acw'r golau," meddai Rhys, " yn troi
Ei esmwyth wefus i gusanu hun
Fy nhadau: hwythau, genedl wan y bedd,
Ni ddorant ai tywyllwg mwy ai gwawl
Fo'n cuddio'u cwsg: fel yna, cyn bo hir,

W. J. Gruffydd

Y gorffwys Rhys yn welw dan y maen,
A chwithau yr offeiriaid yn rhoi llais
Uwchben fy llwch i eiriol dros fy enaid.
Pa fudd fu iddynt hwy o'u hymladd hir,
Pa fudd i minnau os ymladdaf mwy?"

"Mae gorsedd wen yn disgwyl wrthyt, Rys,"
Medd Baldwyn—"yno pob rhyw wyrthiol hoen
Ac uchel bleser a wna fil blynyddoedd
I ddarfod fel un dydd; a choron aur
Ragorach sydd na choron gwlad y De."

"A, ffeils offeiriaid," meddai Rhys, a'i lais
Yn llenwi'r eglwys, fel pan wedi'r trai,
Wrth ddychwel llanw mawr i'w eithaf fan,
Y lleinw llais y môr ryw ogof ddu
Ar oror Cymru—"ffeils offeiriaid oll,
Yn addo'r hyn nas gellwch chwi ei roi!
Pa waed erioed dywalltwyd na bu llef
Eich teulu chwi yn gorfoleddu drosto?
Pa bryd y collodd un o'ch cwmni chwi
Un dafn o waed? A fu un pang i chwi
O holl ddioddef byd?—Na, gwn eich helynt,
Yn tyfu'n fras ar waed brenhinoedd ffôl."

Gan droi ei gefn, a glaswen dirmyg oer
Yn chwarae ar ei wefus, cerddodd Rhys
I'r fan lle torrai llafn o olau clir
Drwy hanner gwyll yr eglwys, rhwng dau bost
Cadarnsail oedd o ddeutu'r celfydd ddrws.
Cyfododd yntau Faldwyn lef, nes crynu
O leddf ddistawrwydd tŷ yr Arglwydd, fel
Y cryn y nos pan enfyn haul ei wewyr.
"Aros," eb ef, "a gwrando eto, Rys.
Ymhellaf wlad y dwyrain, pan fo'r De

Yr Arglwydd Rhys

Yn gorwedd yng ngwyrddlesni haf, a sŵn
Mehefin yn y dail, fel balm ar fêl,
Fe lysg y crasboeth haul ar ddiffaith lain Fy
Dywodog athrist; trwy'r adwythig wawl,
Cyfyd y gafod dywod fel y Fall
Gan ddisgyn ar ryw fangre goll fu gynt
Yn ardd pendefig; ac mewn distaw gongl,
O dan ufelau'r haul a'r gafod flin,
Mae'r fan lle bu gobeithion yr holl fyd
Yn tario dan law Angau dridiau hir;
O'i gylch ac ynddo chwery troednoeth hil
Y Sarasen ellyllig; a phob gwawd
A gwamal chwith sarhad a enfyn diawl
I'w hanghred fron, tywalltant ar y bedd.
Yno bu Un yn gorwedd ac yn gwneuthur
Y bell ddwyreiniol ardd yn obaith byd.
Yno bu un a brynodd Rys ap Gruffudd
O afael distryw'r gelyn, a roes waed,
Gwaed calon Duw, i brynu bywyd Rhys.
A thithau, Rys, ddanodi di un dafn
O'th waed i'r Un roes gymaint erot ti?
A phan, ar uchaf drum Olifer draw,
Y llëir llyfr ei ddyled, pwy all ddwedyd
Trueni Rhys pan glyw ei Arglwydd glân
Yn galw hwn a'r llall, mewn cariad dôn,
'Rhoer iddo goron merthyr; mewn pell drin,
Bu'n ymladd drosof, am fy isel fedd;
Ond trechaf bennaeth gwlad y De, y gŵr
Gadd gennyf holl diriogaeth ei elynion,
Nid yw ei enw yma yn fy llyfr'."

Petrusai Rhys, ac yn ei lygaid glas
Roedd golau newydd, a disgleirdeb gwan
Y deigryn araf yn llewychu drwyddo.
"A, gwyddost," meddai, "hynt y galon fau,

W. J. Gruffydd

A'r eiddot ti yw'r geiriau cywraint, llym,
Sy'n chwilio'r enaid, fan y bo heb len.
Ond na!" a throes y deigryn yn ei drem
Yn haearn o'r caletaf—"nid mor hawdd
Yw ennill gorsedd nefoedd, a phes cawn,
Mae'r aur enillech chwi, offeiriaid ffeils,
Am dynnu'r enaid hwn o'r purdan poeth
Yn nerth eich offerennau drud a'ch llef?"

Fel pan fo dadl yng nghynulleidfa gwŷr,
A'r dorf yn gogwydd weithian yma, weithian
Yn troi i'r wrthblaid arall, nes daw un
A ŵyr eu nerth, ac â gofalus air
A chynnil oslef yn gweu magl i'r dorf—
Felly cyfododd meistr pob ystryw gair,
Archddiagon Brycheiniog, Gerallt goeth,
A chan foesgrymu, nid fel gŵr a fo
Yn ennill bara angau ar faes trin,
Ond fel y neb a ŵyr drofaus hynt
Calonnau teyrnedd, eu hanwadal foes
A'u horiog feddwl, troes ei drem ar Rys,
A chan laesdynnu'i eiriau tew, triaglaidd,
"Na, f'arglwydd Rys," eb ef, "da gwyddost ti
Dy angen mwyaf: gwyddost foeth a mêl
A chanu telynorion, a mil gwell
Yw iti gadw clust rhag sŵn y gad,
A chadw traed rhag troedio'r llwybrau coll.
A phwy a'th feiai am ddymuno'n fwy
Eistedd dan balmwydd hedd yn wych dy fyd
Na cheisio cipio palmwydd rhyfel rudd?
Na, ti ddewisaist—ond, gwêl acw wŷr
Ac ar eu hysgwydd groes yr Iesu'n goch,
Gwallter ap Rhobert ddewr, a Gwilym Vere
Ddi-ofn, dy hen elynion, a chei di
Y wlad yn rhydd heb neb i'th flino mwy."

Yr Arglwydd Rhys

Amneidiodd Gerallt, a chyfeiriodd fys
At ddau a safai draw, a sythfryd guwch
Y Norman ar eu hwyneb, ac ar ysgwydd
Eu swrcot, groes Crwsâd yr Arglwydd Grist.
Fel pan, ar nawnddydd oer o Chwefror, drwy
Yr haearn gymyl y daw pelydr gwan
O'r pell ddiystyr haul, a thros y nef
Fe brifia'n araf lanw rhudd y gwawl
Heb ymlid draw y cymyl—felly tros
Ddi-olau wedd yr Arglwydd Rhys daeth gwrid
Yn araf wannaidd, eto'r haearn guwch
Heb gilio'n llwyr—a throi yn chwim a wnaeth
At Wallter ac at Wilym, a rhoi llef
Yn hanner syndod, hanner llid.—"A chwithau,
Chwi gŵn fu'n udo wrth fy norau cŷd,
A gawsoch helfa newydd, a gwell gwâl
I'w chyfarth na thirionwlad wen y De?
Ond ha, nid rhaid i'r Saraseniaid ofn
Os corgwn fel y rhain a gais eu gwaed."

Ond camodd Gwallter rhagddo, a chan grymu
Ei helm, a chroesi'i ddwyfron ddur: "Os da,"
Medd ef yn wylaidd, "gan f'Iechydwr
Roi coron merthyr imi ar faes trin,
Yn falch mi roddaf einioes tros ei fedd."
"A minnau," medd ei gymar, "nid er clod
Nag ennill ysbail, ar faes pell y Dwyrain,
Wnaf rywbeth am y maint a wnaeth Efo."

A welaist ti, ar feysydd llwyd y wlad,
Pan ddarffai'r gwŷr eu cynnull dros hir hynt
Yr ystod felen, ac na fai yn ôl
Ond yma ac acw ar ddisberod pell
Rhyw welltyn anghofiedig, a thros wedd
Y llymion erwau un o ferched llafur

W. J. Gruffydd

Yn poenus loffa'i bara prin; nid tlws
Ei hwyneb, ac ar rychiog, arw dal,
Dan aflerw wallt, eistedda sarrug guwch,
Ac yn ei threm galedi angen tost,
Didostur, difwynhad—ond acw 'mhell,
Dros erwau'r maes o ddrws y bwthyn bach
Daeth gwannaidd lef yn gweiddi "*Mam!*" a thros
Galedi'r wedd a'r sarrug rychiog dal
Daeth gweddnewidiad sydyn, ac o'th flaen
Wele yn sefyll angel o'r nef wen!—
Felly dros wyneb caled Gwallter, a thros wedd
Ddidostur Vere, fe redodd golau'r sant,
A'r lle roedd gynnau nwydau poeth y gad
Yn awr roedd cannwyll olau glir y merthyr.
"A, Dduw," medd Rhys, "i'r lleiaf un o'th weision,
I Wallter goch a Vere waedlyd fron,
O'th wiw benllâd a phennaf orau ddawn
Holl fywyd stormus dyn ni roist nacâd;
A minnau, un tywysog gwlad y De,
Ni fynnwn ymarddelwi â Thydi,
Ond, fel rhyw fugail llog, ar gefn y maes,
Yn dirwyn bysedd drwy ddigymar wallt
Ei gariad, drwy y nawnddydd poeth, a'r defaid
Yn crwydro drwy'r anaeddfed yd, gan droi'r
Twysennau gwyrddion yn farwolaeth siŵr.
Ond, bellach, wele ben"—ac ar ei wefus
Fe wasgai'i gleddyf yn ddiofryd dwys—
"A minnau," meddai, " hybarch dad, ar faes
Tywodog gwyw sychedig gwlad y wawr,
Wnaf rywbeth am y maint a wnaeth Efo."

Yr Arglwydd Rhys

A cherddodd Baldwyn ato, ac, â'i law
Eto ar roi y groes ar liain gwyn
Ei swrcot, dyma lais o'r fforest bell
Yn codi'n wannaidd, a thrwy ddrws yr eglwys,
Fe nofiai cân yn awel leddf y nawn:

Mae'r gweilch fwn ddewr yn nhrin
　Yn gorwedd yn y bedd,
A'r rhwd yn bwyta'r min
　Fu unwaith ar eu cledd:
Ni ddaw i'w byd un gofid mwy,
Mor felys yw eu cyntun hwy!

Gwrandawai Rhys, a gwelwai'r penderfyniad
Oedd gynt fel eurol ar ei wedd, a rhoes
Ei law ar law'r Archesgob—"Aros dro,
Na chofia mwy y geiriau gwyllt a'r bôst.
Cei ddewrach gweilch i gario nod y groes
A gwell calonnau i waedu dros eu Duw.
Ond mi—fe ddarfu f'ymladd mwy, a phêr
Yw'r gorffwys distaw yn yr hafod gwyrdd."

Amneidiodd ben ar Faldwyn, a rhoes dro,
A cherddodd ymaith tua'r hafod hud,
A'r eglwys sant ni wybu mono mwy.

III.
Y Deffro

Rhwng llachar lewych y colofnau drud
Adroddai belydr haul, fel eco'r gwawl,
Roedd un rhyw dywyll fan lle cyfarfyddai
Pob cysgod yn y llys i'w droi yn nos,
Ac eto'n drymach hug na'r cysgod du
Roedd llenni o'r pali cochaf hyd y llawr.

W. J. Gruffydd

Ar orsedd yn y cysgod yr oedd Rhys,
A'i fysedd ffyrf yn cau ar freichiau'r sedd,
Mewn penderfyniad neu anobaith du,
Ac yna'n agor gyda llesgedd gwan.
O'i gylch fel eco i'w feddyliau oriog,
Y safai'i filwyr, ac ni wyddit byth
Ai pelydr haul ai pelydr dur drwy'u llaw
Esgynnai o'r ysblennydd lawr. Tros wedd
Pob un roedd tristwch diamynedd,
Fel rhai yn disgwyl am rhyw newydd boen
I dorri ar draws undon hynt yr hen.
Ond dacw lais yn codi o'r pell wyll
I ganu clodydd Rhys ar oslef leddf
Mewn cywraint gynnil englyn yn null hen
Y beirddion mawrion—cân dadolwch Rhys.
"Taw di a'th ddadwrdd ffôl," medd Rhys, "pa les.
Sydd imi bellach? Wele'r dewrion oll
Yn gwneuthur tywod weryd y wlad bell
Yn Ganaan eilwaith â'u merthyrdod sant.
A bellach, nid oes imi le na rhan
Yng nghymanfaoedd milwyr Cymru: cloff
Yw'r camre mau yn dirwyn at y bedd,
Mewn henaint dianrhydedd a diserch,
A melltith Duw yn gorffwys ar fy nhŷ—
Yn troi fy meibion dewr a gerais cŷd
Yn wrthryfelwyr. A! y beddau cain
Ddarperais yn yr eglwys fry i roi
Fy esgyrn llesg at esgyrn fy holl dadau,
A chyrff fy ufudd blant i huno mwy
Ar bwys fy ystlys—ond, mae'r beddau main?
Yma ac acw hyd ddiffeithwch gwyllt
Didrain fynyddoedd, yn goch greithiau ar
Hyfrydwch gwenwlad hoff y De, a'r taeog
Wrth yrru'i dda dros lwch fy mhlant yn
   dwedyd:—

Yr Arglwydd Rhys

"Gwel yma'r bedd gadd meibion dewrion Rhys,
Fu farw mewn gwrthryfel"—ac ni ŵyr
Ai Maelgwn ai Anarawd sydd a'i gleddyf
Yn rhydu mewn cywilydd dan y pridd.
Ac Owain, ple mae ef? Paham na ddaw
I gynnal dyddiau blin ei dad â'i wên?
Ac yna, fel mewn gwallgo', drwy y llys
Fe yrrodd lef, gan alw ei holl blant:
"Owain, a Maelgwn, ac Anarawd Hael,
A Hywel! Ble'r arweiniodd eich ffyrdd chwi
Dewch eto'n ôl a'ch gwewyr dur yn rhudd
Gan waed y Saeson!" Drwy'r colofnau pell
Ehedodd llais yr arglwydd, ond un sŵn
Ond adlais gwannaidd acw draw nid oedd,
Ac ateb un ynghudd yn eitha'r llys:—

Mae'r gweilch fu'n ddewr yn nhrin
   Yn gorwedd yn eu bedd,
A'r rhwd yn bwyta'r min
   Fu unwaith ar eu cledd:
Ni ddaw i'w byd un gofid mwy,
Mor felys yw eu cyntun hwy!

"A allo ddyfod, ef ni fyn," medd Rhys,
A fyn, ni all—os gwir y myn y meirw
Ddyfod i ôfwy'u cartref hen—a mi
Gaf deithio f'hunan dros y llwybr du
—Y teithiodd cymaint trosto, a thrwy'r glyn
Yn taro f'ysgwydd wrth ysgwyddau trist
Taeogion meirwon ar eu ffordd i'r nef,
A minnau'n llithro tuag uffern ddu
Heb glod, heb goffadwriaeth, ac heb obaith.
Ond yno, meddir, bydd cymdeithas lawn,
Rhyfelwyr dewr ni ddisychedai gwaed,
Rhianedd mwyn fu'n caru yn rhy dda,

W. J. Gruffydd

Eglwyswyr beilch, a holl arglwyddi byd—
A'r nef a'i chwmni prin yn gwrando trydar
Y tlawd, a'r taeog, a'r anghenus cloff.
Ac yno'r ydwyt tithau, Gadell brudd,
Fy mrawd eneiniog hynaf, a gest glwyf
Gan fleiddiaid Seisnig Dinbych, ac ar ffo
Rhag rhoi dy ysgwydd don dan faich tywysog,
Gymeraist hynt pererin i fro bell."

Fel un yn teithio crastir gwlad y wawr,
Sahara, neu Swdân, neu Samarcand,
Ac yn pebyllu'r nos, a'r cwmni llon
Yn gwneuthur nos yn felys-fyr â'u cainc,
Ac yna'n araf syrthio i gwsg; ac yntau,
Y teithiwr, gyda'r wawr a newydd nwyf
Yn codi i ailddechrau baich y dydd,
A galw ei gymdeithion hoff o'u cwsg,
A gweld y gorffwysfâu yn wag i gyd
A'i holl gyfeillion wedi ffoi, yntau
Am oriau maith yn galw, galw'n drist,
Ond heb un ateb—felly'r Arglwydd Rhys
Ni welai'r un o'r rhai a garai gynt.

Ond wrth y drws roedd dadwrdd, ac ar droed
Adeiniog fuan camodd un drwy'r dorf,
Gan grymu o flaen sedd y teyrn, a rhoi
Ei wefus ar ei law, a'i alw'n dad.
"A ddaethost ti, fy mab?" medd Rhys, "a pha
Ryw uchel berwyl a'th ddug yma'n ôl
I weld penllwydni tad yn crymu i'r bedd?"

"Fy nhad," medd Hywel, "ofer air yw'r tau,
A'th ofid am a fu. Mae'r dwylo gwrdd
Fu'n hyrddio angau ynghalon wyllt y drin,
A'r llygaid siŵr a fedrodd cystal gynt,

A'r galon fawr na wyddai ofn na choll?
Rhy hir y teriaist mewn diynni hedd,
Yn bwyta bara balch sarhad y Sais,
Tydi a'th dywysogion dewr i gyd
Fel haid o fân golwynod yn troi gylch
Y Norman milain mewn cynghorau fyrdd,
Yn siarad yma ac acw heb ddim pen.
Pa beth, fy arglwydd, a fu hynt dy oes?
Ti gefaist freuddwyd gynt yn nyddiau
     maboed—
Gwneuthur y De yn Gymru, heb un Sais
Na Norman yn dororau i roi sen.
Ond buan, wele'r cestyll gwych yn deilchion,
A'th gain freuddwydion oll yn lludw crin.
'Bum hael wrth feirddion,' meddi, 'a rhois aur
I godi sant fynachlog Ystrad Fflur.'
Ai dyma waith tywysog? Ai nid gwell
Fai lledu'n gelain oer ar ryw lwm faes
Rywle, i godi Cymru eto'n ôl?
Ac wele Frews a Chlâr yn tybio marw
Dy ddewredd gynt a'th ynni, ac yn troi
Marwolaeth a blin oddaith drwy y De.
Cyfod, fy arglwydd, cyfod, ac â'th fab
Gwna gryndod eto yng ngarrau'r Norman ffôl."
"Mi glywais," meddai Rhys, "am rai yn troi
Yn olaf awr eu hoes, ac ag un cais
Yn llosgi ymaith lesgedd a bai oes.
Oes eto le i mi i ymladd dro
Dros Gymru wen—atolwg, dywed im?"
"Oes," meddai Hywel, "ag un olaf gais,
Bydd gwawl dy hwyr yn golau diffrwyth wyll
Dihaul dy ganol dydd—ac wele'r cleddyf!"

Fel un o erch fynyddoedd yr hen fyd
Fu'n llenwi hanes â'u mympwyol waith,

W. J. Gruffydd

Diweddwyr hen gyfnodau ac herodron
Didostur i'r cyfnodau newydd gwell,
Vesuvius, neu hen Etna, famaeth tân,
Yn hir yn gorwedd mewn diogi mud,
Nes weithian wele'r bugail ar eu llechwedd
A'r twysog wrth eu troed yn dechrau codi
Y naill ei fwthyn gwellt a'r llall ei blas
Ar hendre drist marwolaeth, ond ryw ddydd
Wele y cawr yn ysgwyd, ac â thro
Ei wddf yn glawio angau am eu pen:
Felly yr Arglwydd Rhys, 'rôl aros hir
Mewn llesg ddigyffro hun, yn deffro'i nerth
A bwrw ei alon fil fel gwybed mân
Dros oror distryw, a rhoi llef dros dir
Deheubarth oll nes crynu'r Norman balch
O bellaf gaer Morgannwg hyd y môr.

A bore drannoeth, pan oedd newydd wawr
Yn rhoi ei darlun crai yn oriel Duw,
Roedd dadwrdd wrth y llys: sŵn traed y meirch
Yn gweu eu gwead tân o dalau'r hoelion,
A chyffro'r gwŷr yn sefyll reng ar reng,
Ac ar y blaen roedd Rhys, ac, wrth ei ystlys,
Yn ail balch dremynt a dewr rwysg ei dad,
Marchogai Hywel: cododd Rhys ei gleddyf
Yn ddisglair arwydd i dorf wrdd y gad,
A chychwyn dros y rhos ar berwyl pell.

Drwy'r dydd teithiasant, a phan godai lludd
I ddangos ei lesg arwydd ar y gwŷr,
Roedd Rhys yn dygnu'n ddewrach ar y blaen,
Yn ddistaw aruthr, fel un dan law ffawd
Yn cerdded rhagddo heb un syniad pam.
Drwy wig a chors cerddasant, ac o'u hôl
Y gwladwyr syml yn rhythu gwedd, heb wybod

Yr Arglwydd Rhys

Ai torf y meirw yn rhoi tro yn ôl
I'w brwydrau gynt, ai torf y byw a welent,
Mor ddistaw ddygn y cerddai'r llu ymlaen.
Weithian disgynnai'r hwyr, ac o bell ros
Doi nodau cryn y deryn unig prudd,
A hw'r ddylluan yn ei heiddew hen,
A hwythau fel ysbrydion drwy y gwyll
Yn canlyn pwrpas distaw'r Arglwydd Rhys.
O'r diwedd, ar eu llwybr, safai caer,
Yn codi cedyrn dyrrau tua'r lloer,
A'i phont i fyny, ac ar ben ei mur
Y gwyliwr mud yn cerdded drwy y nos.

"Ha," llefai Rhys, "tydi sy'n gwylio caer
Yr Arglwydd Clâr, dos ato â'r gair hwn:—
'Mae'r llew fu'n cysgu cŷd yn effro'n awr
I lwyr ddifetha'r llymgwn fu yn udo
O gylch ei sodlau'—dwed fod Rhys ap Gruffudd
Â'i lu rhyfelwyr wrth ddrws gwan ei dŷ."

Ac ar y gair, fel ton yn bwrw ei llid
Ar war rhyw greigen serth ar lan y dŵr,
A thros ei phen yn taflu'i throchion gwyn,
Felly tros gaerau Clâr, roedd ewyn dur
A haearn drochion rhyfel, ag un rhuthr,
A'i lwfr warcheidwaid dan fin llym y cleddyf,
Fel tywysennau yd o flaen y bladur,
Yn syrthio wrth eu cannoedd; a chyn hir
Roedd castell Clâr yn oddaith, a thrwy'r nos
Tylathau'n clecian oedd yr unig sŵn.

"Dewch ymaith, wŷr," medd Rhys, "nid yw y fflam
Gynheuais yn fy henaint hwyr ond dechrau."

W. J. Gruffydd

Ac ar eu meirch, drwy gydol nos ymlaen
Teithiasant, onid oedd y cryfaf wŷr
Mewn llesmair lludded—eto Rhys ar flaen
Ei rengau union, heb droi pen na sôn
Un hanner gair, farchogai tua'r môr.
A phan oedd gwawr yr eildydd o'r tu ôl
Yn dechrau dangos bylchau trist y llu,
Roedd castell Penfro'n guchiog uwch eu pen:
Ond cyn bod 'nawn roedd hwnnw'n garnedd ddu,
A'i ffosydd dyfnion yn dylifo gwaed.

"Ymlaen!" medd Rhys, a thrwy y nawnddydd
        twym,
Cerddasant tua'r Rhos, ac yno llosgi
A throi yn furddyn y gogoniant oll.

"Ymlaen!" medd Rhys, a thrwy y niwlog wyll
Ar draws bras erwau gwlad y De, ymlusgo,
A chael o'u blaen Lansteffan, ond ni chai
Un fyddin arall gaer Lansteffan mwy!

"Un ymgyrch arall," llefai'r hen luyddwr,
"Ac yna'n ôl i borthi ar ysbail rhyfel."

A chipio penarglwyddiaeth cestyll Dehau,
Hen gaer Gydweli, a roes aml i glwyf
I luoedd Cymru—yna, drwy y nos,
Drwy'r coedydd unig fel ysbrydion prudd,
Yn feichiog gan luddedau'r daith a'r ysbail;
A draw, ymhell o'u hôl, ti dybit weld
Y gorllewinbarth oll yn wyrth gan wawr,
Ffyrniced yr âi'r fflamau tua'r nen,
Ac udo bleiddiaid uwchben gwala mawr,
Ac ysgrech cigfrain breision gwlad y De.

Yr Arglwydd Rhys

Ac wedi cyrraedd trothwy'r llys, cyn troi,
I eistedd eto'n deyrn dros ffawd y De,
Yn wylaidd cerddodd Rhys i'r man lle'r oedd
Yr eglwys fawr, a diosg yno'i arfau,
Ac o flaen allor sant y Fair Fendigaid,
Anadlodd anadl newydd fry at Dduw,
A gwyddai ddarfod bellach yr hir nos.

IV.
Yr Haint

Uwchben holl rosydd gwlad y Dehau dir,
A chorsydd llaith anghysbell ei mynyddoedd,
Tros fwth y taeog, a thros hafod gain
Y gwyrda beilch, anfonodd Duw ei niwl
Yn fantell lwydaidd wyw, a than ei adain
Roedd oerni llaith fel oerni gwyll y bedd.
Drwy'r hydref hir, a'r gaeaf creulon crin,
A'r gwanwyn didardd, ni chaent olwg ar
Fendigaid olau'r haul, nac yfed rhin
Ei falmaidd wawl, ond trwy y dyddgwaith trist,
Roedd hug haearnaidd tros y ddaear oll:
Ac wedi cilio'r niwl, a dyfod haul
Yn ôl i'w geyrydd pell, dechreuodd Angau
Orymdaith drwy y wlad, a rhyfedd lu
Ei ddeiliaid a'i wŷr llys i'w ddilyn ef—
Dall Ofn, a Gwae, a Gwallco uthr ei wedd;
A'r man y sangai, ni adewid un
Yn fach na mawr, ond yn y torflu trist
Ymdeithiai'n filoedd dros ffin niwlog Angau,
Roedd tywysogion a llafurwyr, gwŷr
A gwragedd gweiniaid, hen ac ieuanc hoff;
Y bardd yn gado'i gân ar hanner gwers,
Y dewr ryfelwr eto a'r gwaed yn goch

W. J. Gruffydd

Ar fin ei gleddyf; yr enethig fwyn
A'i breuddwyd serch heb sylwedd na pharhad—
A'r cwbl yn mynd i wlad na welid mwy
Na gwaed, na breuddwyd, na phêr gynnil gân.

Ac felly y darfu am Rys; mewn olaf bang
Ar wely, o dan un pelydryn hwyr
Gai lwybr drwy'r ffenestr at ei ymyl, trwm
Oedd dwylo Angau ar ei emrynt blin.
A galw am ei hen offeiriad wnaeth,
A'r olew sant, cyn troi i'w olaf daith,
A gofyn iddo beth amcanai Duw,
Ai cwmni prin y nef a bythol nwyf,
Ai cynulleidfa fawr bradychwyr byd—
Gwrtheyrn a Suddas a'u brawdoliaeth welw.

"Ni wn, fy mab," medd ef, "ond dywed im,
A godaist ti dy law dros fedd dy Arglwydd?"
"Na, na," medd Rhys, "yng nghwmni'r gwadwyr
    bûm."
"A wnaethost waith yng Nghymru a roes Duw,
Troi'r gelyn ymaith—yn dy ddyddiau ir?"
"Na, na, fy nhad, un o'r bradychwyr fûm."
"A wnaethost rywbeth cyn i'r Angau glas
Roi terfyn ar dy gyfle a'th ddyhead?"
"Do, do, fy nhad," a chodi'i ben yn hy,
A bwrw cwilydd ymaith, a rhoi bloedd
Lawn buddugoliaeth, dros bob cwr o'i lys:

"Mi godais yn fy henaint fel hen lew
I ysgwyd ymaith y Normaniaid mân,
Ac mewn un ymgyrch—Duw faddeuo'r oed—
Anghofiais lesgedd a chywilydd oes,
Ac wele 'ngoror bellach oll yn rhydd!"

Yr Arglwydd Rhys

> "Gŵyr Duw y codi hwyr!" medd y cyffeswr,
> "Yn unfed awr ar ddeg dy oes, a chei
> Eistedd ynghwmni prin y cymwynaswyr."
> Ac fel roedd Rhys yn tynnu'i olaf ffun,
> Ar gant y nefoedd yr oedd machlud haul
> Yn tanio godre y gorllewin hwyr,
> I addo gwawr ryfeddol wedi'r nos.

(Tongwynlais, 1909)

Ywen Llanddeiniolen
(Golwg arni o bell)

Ar draws y gorwel lle'r â'r haul i lawr
   Dros rynnau eithaf y caregog dir,
Mae eglwys Llanddeiniolen, a du wawr
   A chysgod trwch ei hisel gangell hir
Yn dristwch gwan dros arwyl ola'r dydd;

O amgylch hon ymestyn dulas lu
   Anhyblyg wyliedyddion bro y bedd
A'u ceinciog gnotiog freichiau'n codi fry
   I guddio llawen iechydwriaeth gwedd
Haul y rhai byw o dir y meirwon prudd,

Ymhlith y rhain, gwŷr llys yr Angau, cwyd
   Penadur yw-wydd llannau Cymru oll,
Yn fras ei wedd ar aml i saig o fwyd
   Ac ar ei farwol ddarmerth ni bu goll,
Maer tref y meirw, ysgweier balch y plwy,

Ysgweier balch y llan, yn wych ei fyd
   Ar gig a gwaed ei ddeiliaid eiddil o,
Heb ofni achwyn ei dyddynwyr mud
   Na'u gweld yn gado'i stad i newid bro—
Mae hyn yn hen gynefin iddynt hwy.

O gylch yr ywen hon ddechreunos daw
   Holl ddeuoedd llon y plwyf i ddwedyd rhin,
I ddysgu yma wrth gyntedd brenin braw
   Y camre cyntaf ar yr yrfa flin;
Hirymaros yw'r ywen; daw eu tro.

Fe ddaw eu tro'n ddiogel—ond pa waeth?
　　Ni leddfir tinc y chwerthin melys rhydd;
Ni ddelir adain maboed un yn gaeth
　　Wrth gofio am drueni'r meirwon prudd,
A'u dwylo'n groesion, yn eu gwely gro.

(Tongwynlais, 1909)

I'r Dywigiwr
Owen Morgan Edwards

Er codi o'r ffôl ei eiliad fer,
  A sathru'r ardd a drinaist cŷd,
Bid trwm dy glust i'w ynfyd her,
  A bid dy dafod weithian fud—
  Cei weled diwedd hyn i gyd.

Hir a diwobrwy fu dy waith,
  A llwyd gymylog oedd dy ddydd,
Fe wybu'r bysedd lawer craith,
  Wrth dorri malltod drysni'r gwŷdd—
  Cei greithiau eto, na fydd brudd.

Fe ddarfu'r haf a'i firi mwyn,
  A phiblais sôn yr adar ffraeth;
Y gaeaf du i gwr y llwyn
  A'i rewllyd undon ru a ddaeth,
  Ond Duw a'i gyrrodd, a pha waeth?

Mae ganddo 'nghadw'r gwanwyn llon,
  A'i organ ef yw pibau'r haf,
A'r wennol gyntaf dros y fron
  Rydd iechyd eto i'r galon glaf.
  Na fydd fel y di-gred, ond saf!

Saf yn dy ran; cei weld y ffôl
  Fel ysgafn eisin o flaen gwynt,
A blodau'r haf yn troi yn ôl
  I'r annwyl ardd a chwynnaist gynt;
  Cei wedyn orffen dy hir hynt.

A phan ddaw Angau heibio i'th roi
  I'th orffwys hir ar fron y waen,
Bydd llaw y Meistir i ddatgloi
  Dy enaid o'r llwm bridd a maen—
  Cei weld y drin, a gweiddi " Ymlaen!"

(Tongwynlais, 1910)

Y Tyddynwr

Wrth wasgu'r rhent o groen y gweryd gwael,
  A chodi'r dreth o dlodi dwys y ffridd,
Caledwyd rhywiog fryd y galon hael
  A hoeliwyd y ddau lygad yn y pridd,
Rhag edrych ar ogoniant dyddiau'r ha,

Rhag edrych ar wylofain oesau'r byd,
  Rhag gwylio chwerthin ei genhedloedd o—
Pwy fforddiai ysgafn fron a llydan fryd,
  A diwrnod rhent wrth law heb fethu'i dro,
A Duw yn gynnil iawn o'i bethau da?

Mae meistr y tir â'i law agored rydd
  Yn dianghenu tlodion yr holl blwy;
Rhag gweddi ddwys ei werin wael ni chudd
  Ei fawr drugaredd, a rhyfeddant hwy
Fawrhydi haeledd y bonheddig dras.

Ond weithiau, yng nghyflychwr llwyd y nos,
  O dwyn i dwyn ar droed lladradaidd blin,
Daw rhyw grynedig grwydryn dros y rhos
  A melltith eirias ar ei welw fin,
Yn dianc rhag cynddaredd cŵn y plas,

Heb dŷ, heb dân, heb Dduw na gobaith mwy,
  Heb ofal gwraig na thrydar gwirion plant,
At ddrws y tlawd, o dan ei chwerw glwy,
  A'i arlais fain, a'i leision ruddiau'n bant,
I ofyn bara a chysgod rhag y nos.

Erioed nid archodd un ei gardod gwael
    Yn ofer yno, na heb dderbyn mwy.
O Dduw, dy fendith ar dy dlodion hael
    Sy'n aros hwyrdrwm henaint ar y plwy,
Heb orffwys, rhwng caregog lwybrau'r rhos.

(Tongwynlais, 1911)

Ymbil ar Hydref

Uu orig fach, cyn troedio'r llwybrau crin,
    Cyn marw o eco gwan dy olaf gri,
Cyn dyfod nos ar draws y niwlog ffin,
    Un orig fechan aros gyda mi.
Ti fuost dirion unwaith, pan oedd tân
              Dy rug ar led y bronnydd
                 A chefn Hiraethog lonydd
Yn tonni'n araf gan dy glychau mân.
A thi ni chelit rhagof gynt dy rin,
    Dy lariaidd law droes hud dros safn y bedd:
Rho eto unwaith glywed tros dy fin
    Dy eiriau lleddf, dy eiriau di a'th hedd.

Ti glywaist Anian yn ei gwylltaf bang
    Yn galw arnat, a phrysuraist dro;
Rhudd oedd pob gallt a llwyn o dan dy sang
    Ac aur oedd hug dy odre ar bob bro.
Ti nodaist wallco wŷn y ddaear hen
              Yn tywallt o'i Mehefin
                Ei chyfoeth mwyth cynefin,
Ond gwyddit wae y blinder dan y wên.
Ti welaist asbri ei difeddwl blant
    A syndod newydd fyd ar wedd pob un,
Ti gofiaist gur y Fam, a'i gwewyr gant,
    Estynnaist law, a rhoddaist iddi hun.

Rhoist iddi gwsg ar ôl ei hymdrech flin,
    A chaeaist safnau ei gofidiau mwy;
O fwrdd dy sant sagrafen rhoist y gwin,
    Ac yn ei flas, roedd angof am bob clwy.
Diflannodd y medelwyr dros y bryn,
        A'th niwl caredig tirion
        Daenodd ei fentyll hirion.
Dros noethni'r brigau yng ngwinllannau'r glyn.
Frenhines y tosturi, gwrando un
    Sy'n wylo llwydni llwm ei grinion wŷdd.
Rho iddo, Hydref, hir anghofus hun
    A deffro i wanwyn arall a gwell dydd.

(Abercarn, 1911)

Sionyn

Gorweddai ar lawr y dafarn,
    A'i dafod ffraeth yn fud—
Roedd Sionyn wedi darfod
    Ei helbul yn y byd.

"A! ddiwedd melltigedig,"
    Medd pobol dda y Llan,
"Bu farw yn ei fedd-dod,
    Trueni fydd ei ran;

Roedd weithiau yn y seiat,
    Ac weithiau yn y byd—
Dyn heb wastadrwydd amcan,
    A gwyrni yn ei fryd."

Pan oedd y nos dawelaf,
    Daeth Iesu heibio'r fan,
A gwelodd ddiwedd Sionyn,
    A chlywodd eiriau'r Llan.

Daeth deigryn i ddau lygad
    Trist yr Eiriolwr mawr,
A phlygu wnaeth yn araf
    Dros gorffyn Siôn i lawr.

"A, Sionyn, Sionyn," meddai,
    "Afradlon wirion hoff;
Rhaid im dy gario dithau,
    Fel pob rhyw ddafad gloff."

(Tongwynlais, 1911)

Meindwr y Gelyn Mawr

For fear perhaps my little son
Should break his hands as I have done.
H. Belloc—The Rebel

Ni godwn yfory cyn torri gwawr
Marchogwn ymhell tros y marian mawr
    A chanu corn a dygyfor gwlad.
A chasglu cedyrn, a dodi gawr—
    Cei dithau ddyfod yn sgil dy dad.

Ni gasglwn y cedyrn o fryn a phant,
Y dewr fyn daro dros ryddid y plant,
    A chyrchwn y gaer sydd yn gwgu fry,
A rhuthrwn ei magwyr a'i thyrau gant,
    Cei dithau sefyll ar flaen y llu.

A rhuthrwn fagwyrydd y castell prudd
Anrheithiodd Gymru dros lawer dydd—
    A lladd a llosgi y gelyn ddyn,
A gollwng ei gaethion i gyd yn rhydd:
    Cei neidio'r fagwyr yn gyntaf un.

Ond cyn troi adref ar ddiwedd cad,
Torr ymaith y ceyrydd, anrheithia'r wlad,
    A chloddia sylfaen y meindwr crw?
Rhag iti rywbryd gael clwyfau dy dad,
    A dorrodd ei ddwylo wrth guro ar hwn.

(Tongwynlais, 1911)

Jonah Puw

Hen ŵr cryn ym mynwent Llanddeiniolen
   Dan ei ofid hir yn crymu i lawr,
Oedd yn siarad gyda'i galon feichiog
   Dan drymwyrddlas do'r hen ywen fawr.

"Pam rhaid imi druan roi fy niolch
   Am a gefais i o ddwylo Duw?
Gormod iddo ofyn aberth moliant
   Ar allorau drylliog Jonah Puw.

Gwêl, O Dduw, fy nwylo ysig flinion,
   Gwêl y traed rwy'n llusgo tua'r bedd:
Gwêl ergydion dy ddigofaint arnaf,
   Ôl dy ddwylo'n drymion ar fy ngwedd.

Hir i ti, O Dduw, y telais foliant,
   Am ofidiau maith fy nyddiau ffôl:
Angau'n unig fendith a gaf gennyt,
   Ni all Duw mo'i gadw ef yn ôl."

Ond daeth nos dros fynwent Llanddeiniolen,
   Daeth â'r fendith olaf gyda hi;
Uwchben cyntun tawel y blinderus,
   O ganghennau'r yw daeth esmwyth si.

      *   *   *

Yno yn ei gyntun clywodd ganu
   Côr yr uchel nef yn nofio i lawr,
Mwyn lesmeirgerdd seraff leisiau Gwynfa'n
   Eilio breiniol gerdd yr Orsedd Fawr.

Gwelai yn y canol Un yn eistedd
  Ar aruchel fainc yr Arglwydd Dduw,
Gwelai nad oedd arno bryd na thegwch —
  Gŵr ar lun a delw Jonah Puw.

Cofiodd ddrylliog boenus blant y ddaear
  Yn moliannu iach gadernid Duw:
Clywodd gadarn feibion nef yn pyncio
  Gwendid ysig Un fel Jonah Puw.

(Tongwynlais, 1912)

Cathl i'r Ysbryd Glân

O Ysbryd Glân! O anadl bywyd Duw,
    Fu'n symud tros y nos annelwig lom,
Tramwywr diddim ffyrdd y gwacter gwyw,
    Ti wyliaist fyd cyn osio o'i asgell drom;
Rhychwannwr ysbaid y difancoll mawr,
        Fu'n mesur hyd a dull
        Diamser oriau'r gwyll,
O Ysbryd Glân, o gwrando ni yn awr!

Fe grynodd nos o dan dy anadl di,
    Daeth gwawl a dosbarth ar yr anhrefn prudd;
Gan flodau'n frith, a chan luosog gri
    Adar a mil yn canmol nos a dydd,
Roedd pob rhyw wacter dan dy law yn fyw;
        Ti wnaethost nos yn wyn,
        Rhoist olau yn y glyn;
O Ysbryd Glân, ddeffrowr marwolaeth, clyw!

Arglwydd, ystyriaist dlodi gwlad fach draws,
    Ar bellaf oeraf ymyl yr hen fyd;
Anedlaist arni wynt dy esmwyth naws,
    Deffroaist dafod yn ei meibion mud;
Fore a hwyr ohoni mawl i Dduw
        Esgynnai tua'r nef;
        Gwrandewaist ar ei llef:
O gwrando eto, Ysbryd Glân, a chlyw!

O flaen dy fflangell di, o santaidd Wynt,
   Y ciliodd tewion niwloedd yr hen oes,
Pan welodd y Breuddwydiwr hwnnw gynt
   Lys Angau glas, a chwrs y byd a'i foes.
Diflannodd yr hen ddychrynfeydd, a si
      Adenydd oerion braw
      Ddistawodd dan dy law,
O anadl bywyd Duw, o gwrando ni!

Ti elwaist un, yn nhwllwch mwll yr hwyr,
   Pan oedd yn brin y gwawl drwy Gymru achlân,
A llusern yr offeiriad yn nos lwyr—
   Rhoist iddo Gannwyll a rhoist iddo dân.
Y Gannwyll honno'n awr, pwy ŵyr ai byw?
     Mae'i gwannaidd leufer oer
     Fel blin aeafol loer;
O Ysbryd Glân, o Lusern ddwyfol, clyw!

Y tân, a roddaist ar ein hallor gynt,
   Sy'n marw yn nharth y nos annedwydd hir;
O tyred unwaith eto, nefol Wynt,
   A chwyth y fflam yn eirias ac yn glir.
Gwêl Gymru, ac aberth arall ger dy fron,
     Gobaith a chalon lân,
     A ffydd, a newydd gân;
Arglwydd, gwêl Gymru, ac na wrthod hon!

(Rhiwbeina, 1913)

Cofia

Fy mhlentyn bach, pan ddelo'r dydd
I fynd o'r rhwymau hyn yn rhydd,
A thorri iau ein gormes ni,
A chreu y byd a fynnych di—

Cofia dy daid â'i ddwylo mawr,
A'i gefn yn gŵyro tua'r llawr,
A gofyn beunydd gan y nef
Am galon fel ei galon ef.

Cofia dy nain a welodd wawr
Drwy drymaf len y twllwch mawr,
Pan waeddo'r amheuon, na wrando'r rhain,
Ond cofia'r ffydd oedd ffydd dy nain.

Cofia dy fam, a'i phryder hi
Yn oriau dy nosau amniddig di,
A chofia beunydd mai dy grud
Oedd allor ei hieuenctid drud.

Cofia dy dad a'i feiau lu,
Fe'th garodd er mor droiog fu,
A gofyn beunydd gan y nef
Am galon well na'i galon ef.

Cofia'r Iesu rhwng daear a nen
Fu'n crogi drosot ti ar bren;
Cofia ei ddagrau pan ddaeth gwŷs
I ddwedyd marw Lasarus.

(Abercarn, 1912)

Ynys yr Hud

"Ac yno yd oed udunt lle tec brenhineid uch benn y weilgi... Ac yno y treulyssant y pedwar ugeint mlyned hyt na wybuant hwy eiryoet dwyn yspeit digrifach na hyfrydach no honno, nac adnabot o un ar y gilyd [y vot yn hyn] yn hynny o amser no phan doethant yno... A phan edrychwys yd oed yn gyn hyspysset gantunt y geniver collet a gollassynt eiryoet, ar geniver car a chedymdeith a gollassynt, ar geniver drwc a dathoed udunt a chyt bei yna y kyvarffei ac wynt."
—*Mabinogi Branwen verch Lyr.*

Roedd pob cerpyn ar i fyny,
    a'r holl gyrt yn dyn fel tannau,
Ninnau'n llithro drwy'r trofannau,
    ugain niwrnod rownd yr Horn.
Ni bu long ar daith fuanach,
    gyda'i hwyliau i gyd yn tynnu,
Roedd hi'n nefol—ond ar hynny,
    dyma'r gwynt yn lleddfu'i gorn.

Ugain niwrnod yn nhawelwch
    Môr y De yn llyfn fel grisial;
Drwy y rigin nid oedd sisial,
    dim ond araf ferw'r gwres.
Roedd rhyw law o dan y gwaelod,
    fel tae anweledig beiriant
Yn ein gwthio drwy'r llifeiriant,
    yn ein llithio o hyd yn nes,

W. J. Gruffydd

Nes at ynys ar y gorwel,
                werdd yn goron ar y glasddwr;
Roedd hi'n gorwedd yn ei basddwr,
                gyda'i chwrel wrth ei throed,
Ninnau'n syn fel rhai mewn breuddwyd,
                pawb ar flaen y llong yn sbio,
A rhyw dderyn mwyn yn crïo'r
                gân felysa fu erioed.

Cyn pen hir o gwr y dwyrain,
                cododd tipyn bach o awel
Gan ein chwythu'n araf dawel
                draw i'r porthladd dros y bar:
Mewn munudyn, roedd yr angor
                dros y bwrdd yn gwanu'r heli,
A'r hen *Sioned* yn ei gwely,
                heb un cerpyn ar ei gwar.

O ryfeddod bod yr Arglwydd
                wedi cadw ei drysorau
Draw ynghudd tu ôl i ddorau
                ynys fach ym Môr y De,
Ninnau hogiau'r Felinheli,
                deuddeg gŵr o longwyr breision
Yn cael crwydro llennyrch gleision,
                hir gynteddau gwlad y ne—

Twm Huws o Ben y Ceunant,
A Roli bach, ei frawd,
A deg o longwyr gwirion
O lannau Menai dlawd.

Ynys yr Hud

> *Cerrig oedd tir ein cartref,*
> *A llwydaidd oedd eu hynt*
> *Doedd dim yn digwydd yno*
> *Ond haul a glaw a gwynt.*

> *Am nad oedd dim yn digwydd*
> *I mi na Roli 'mrawd,*
> *A Duw heb wneuthur gwyrthiau*
> *Ar lannau Menai dlawd,*

> *Ni aethom ryw ben bore*
> *I grwydro dros y byd,*
> *I geisio gwyrthiau'r Arglwydd,*
> *A gweld ei bethau drud.*

Rhedai balm yr awel denau
                drwy yr irgoed glas dan sisial
Llesmair ganig uwchben grisial
                y dŵr gloywa fu erioed;
Fel y clywsoch ŵr o Gymro'n
                gosod pennill ar y tannau,
Felly neidiai'r chwim gorfannau
                ar wefusau dail y coed.

Pob melyster coch a melyn
                aeron ar y cangau llwythog
A wnai ochrau'r bronnydd ffrwythog
                yn rhyw boenus drymaidd sawr,
A chymhelri cymysg liwiau'r
                adar gwyllt yn gweu drwy'i gilydd,
Adar Duw yn ddigywilydd,
                ym mhellafoedd y môr mawr.

W. J. Gruffydd

Toc, daeth tincial clychau arian
                tuag atom dros y llannerch,
A daeth lleisiau'n isel annerch,
                ac yn galw'n henwau ni—
Deuddeng morwyn dlysa'r ddaear
                am ein gyddfau'n rhoi eu dwylo,
Hanner gwenu, hanner wylo,
                ac yn gwahodd "cymer fi."

    Roedd genwyf wraig yn disgwyl
      Yn Felinheli bell,
    A phump o blant, ond meddwn
      "Mae aros yma'n well."

    Roedd deuddeg gwraig ym disgwyl
      Am ddeuddeng morwr mwyn,
    A thlodi gwraig i longwr
      Yn anodd iawn i'w ddwyn,

    A'r plant yn brin o ddillad,
      A'r cwpwrdd heb un dorth,
    Rhag meithed siwrnai Sioned
      Yn dyfod tua'i phorth.

Drwy yr haf breuddwydiol hwnnw,
                yn y man lle nad oedd aeaf,
Dim ond haf, a llawn gynhaeaf,
                heb un rhent na thalu treth,
Roem ni'n aros nes anghofio
                rhuo'r gwynt a gwaeau'r tonnau,
A chael gorffwys hir ar fronnau
                lle roedd angof am bob peth.

Ynys yr Hud

Ond un bore mi freuddwydiais
                fod y tonnau i gyd yn gochion,
Gweled gwaed yn torri'n drochion
                ar y cwrel wrth y lan,
Ac uwch trymru'r don ofnadwy
                roedd rhyw lais yn galw gwaeau,
Diasbedain dros y baeau,
                crïo'r gofid ymhob man,

Llais yr hen bregethwr penllwyd,
                fu'n 'mhriodi i a Neli,
Oedd yn galw o'r Felinheli
                dros y mil milltiroedd blin,
Ac mi glywais blant yn llefain,
                a dechreuais innau wylo
Am fod Twm bach dan fy nwylo
                wedi marw ar fy nglin.

Roedd fy nhad a 'mam i yno'n
                beichio crïo'r ddau yn unllef,
Ac mi wyddwn yn fy hunllef
                beth oedd achos crïo'r ddau;
Crïo'r oeddynt na chaent weled
                eu dau blentyn cyn bod pangau
Ac unigrwydd hir yr Angau
                ar eu dyddiau blin yn cau.

Do, mi godais, ond pan sbîais
                oddi amgylch tros yr ynys,
Nid oedd dim ond llwm resynus
                draethell oer rhwng dŵr a gwynt:
Ninnau i gyd yn garpiau bregus
                heb un clydwch ac heb gysgod,
Ac odanom gweai'r pysgod
                yma ac acw ar eu hynt—

W. J. Gruffydd

Pysgod mawr yn gweu drwy'i gilydd
                yn nhawelwch du yr eigion,
Ac yn rhythu llygaid gweigion
                ar y deuddeg llongwr llwyd;
Ymhob llygad yr oedd dychryn
                a dyryswch y pellterau—
Codi'r oeddynt o'r dyfnderau
                I gael golwg ar eu bwyd.

O ryfeddod bod yr Arglwydd
                wedi gosod diffaith leoedd
Rhwng cyfrodedd cymysg weoedd
                cwrel main ym Môr y De,
Ac ar forlan hallt wymonog
                Menai fechan yn ei thlodi
Wedi rhoi ei law i godi
                grisiau aur yr uchel ne.

Mi ddois adref, mi ddois adref,
                dros y tonnau gwarrog moelion,
Er bod rhwd yn bwyta hoelion
                yr hen *Sioned* ddrylliog flin,
A phob chwa yn gyrru pendro,
                gwallco'r môr drwy ben y llywydd,
Ac agennau'r haul a'r dywydd,
                briwiau'r heli, ar fy min.

      'Lle'r ei di, Twm Pen Ceunant,
      Lle'r ei di ar draws y byd,
    A Sioned *bron â hollti*
     A'i hwylia'n garpiau i gyd?"

Ynys yr Hud

"Yn ôl i'r Felinheli
 Rwy'n mynd, co bach, ho ho,
Yn morio am 'y mywyd,
 Saith mis o Callaô."

"Beth sy gen ti dan dy hatsus,
 I'th yrru'n mhell o'th go
Yn ôl i'r Felinbel
 Saith mis o Callaô?"

"Mae'r diawl o dan yr hatsus
 Yn sownd, co bach, dan glo,
A dyna pam rwy'n brysio
 Saith mis o Gallaô."

"Beth wnei di, Twm Pen Ceunant,
 Pan ddoi di adre'n ôl,
A'th long a'th gêr yn yflon—
 Beth wnei di â'th gargo pôl?"

"Mi redaf am 'y mywyd
 —Saith mis o Gallaô,
I fyw yn ŵr bonheddig
 Ar ôl 'i werthu o."

Dois yn ôl ar wawr ddrycinog,
 a'r hen long yn syrthio'n deilchion,
Pan oedd pennau'r gwenyg beilchion
 yn gweu eira ar Foel y Don;
Tros y Bar roedd tywod Niwbwrch
 yn ymysgwyd trwy bob gwandwyn
Ac ar greigiau llwydion Llanddwyn,
 yr oedd cewri'r môr yn llon.

W. J. Gruffydd

Do, o'r diwedd, mi ddeellais—
                roedd 'y nhad a mam yn gorwedd
O dan gistfaen mawr allorwedd
                yn nhir Llanfair dan y bryn,
Ac roedd mwsog deugain mlynedd
                ac ystormydd oes a'r heli
Wedi pylu enw Neli
                oddi ar dal ei marmor gwyn,

A Thwm bach, y plentyn egwan
                gynt a gariwn yn fy mreichiau
'N henwr gwargam o dan feichiau
                hir flynyddoedd ar y lli:
O Dduw'r nefoedd, gwna drugaredd
                â hen longwr ffôl fu'n gwylio
Deiroes ar y môr yn chwilio'r
                tonnau am dy wyrthiau Di.

> *"Hen ŵr, hen ŵr o'r Sioned,*
>   *Mae'ch gwallt a'ch barf yn wyn,*
> *Pwy ydych chwi sy'n crwydro*
>   *Ar lan y môr fel hyn?"*

> *"Twm Huws o len y Ceunant*
>   *Aeth gyda Roli'i frawd,*
> *Am nad oedd gwyrthiau'r Arglwydd*
>   *Ar lannau Menai dlawd."*

(Abercarn, 1913)

Dygwyl y Meirw

Nid af i 'ngwely heno,
 Ar gysgu nid oes hwyl;
Mi af i'r Llan i weled
 Y meirw'n cadw eu gŵyl;

Dau dro o gylch y fynwent,
 Ac un i mewn i'r llan
I gadw hen oedfaon
 Cymanfa'r werin wan.

Af yno i mewn atynt
 I weld fy nheulu i gyd—
Yr unig rai rwy'n hidio
 Amdanynt yn y byd,

I weled hen gyfeillion
 Cynnes fy ienctid llwm,
Y gwŷr fu'n cario meichiau
 Pan oedd y rheiny'n drwm,

—Hen ffrindiau oedd yn deall,
 Yn well na mi, fy nghlwy;
Mi af i Landdeiniolen
 Heno i'w gweled hwy.

*   *   *

Nos dawch, nos dawch am dipyn,
 Gyfeillach welw'r Llan,
Dof innau yna atoch,
 Hen ffrindiau, yn y man.

(Llanddeiniolen, 1914)

Litani
(Yn Amser Rhyfel)

Rhag anwybodaeth, rhag rhoi pwys
   Ar bwdr uchelgais wag y byd,
      A'th wrthod Di,
      Duw, gwared ni.
Er mwyn dy blant sy'n torri cŵys
   Drwy greigiog dir anobaith mud,
      O, gwrando ni.

Rhag creulon ymffrost y gwŷr mawr,
   Rhag isel ddichell y gwŷr mân,
      Rhag ofer fri,
      Duw, gwared ni.
Er mwyn y rhai sy'n disgwyl gwawr
   Ar forfa oer, heb dŷ, heb dân,
      O, gwrando ni.

Rhag gwrando ar dwyllodrus air
   Hen ddynion wedi oeri'u gwaed,
      D'erlidwyr Di,
      Crist, gwared ni.
Er mwyn hiraethus ofid Mair,
   Er mwyn dy ddwylo Di a'th draed,
      O, gwrando ni.

Rhag dwedyd wrth yr ieuanc, "Dos,"
   Rhag aberth bore Abram gynt
      Wrthodaist Ti,
      Duw, gwared ni,
Er mwyn y beddau ar bell ros,
   Er mwyn na ddaw yn ôl o'u hynt,
      O, gwrando ni.

Rhag amharch ar dy deml wir
   Roist Ti yn gorff i bob dyn tlawd,
      (Fu'n eiddot Ti),
     Crist, gwared ni.
Er mwyn y Fam am nawmis hir
   Fu'n llunio'th esgyrn Di a'th gnawd,
     O, gwrando ni.

Rhag galw ar dy enw mawr,
   Rhag erfyn ar ein hisel frad
     Dy fendith Di,
     Duw, gwared ni,
Er mwyn y miloedd mud sy'n awr
   Mewn dryswch yn dy alw'n Dad,
     O, gwrando ni.

Rhag pob anghariad, rhag y du
   Ddigasedd syth sy'n cloi y fron,
     Crist gwrando'n cri,
     Duw, gwared ni.
Er mwyn y trist adfydus lu
   Sy'n gaethion yn y gadwyn hon,
     O, gwrando ni.

(Môr y Canoldir, 1917)

Emyn i Amynedd
(O Ffrangeg Jean Richepin)

I.

Amynedd, santaidd drysor glân!
Wrth wylio'r nos, â'r nos ar ffo,
Wrth ddilyn hynt y sêr a'u tro,
    Ha, dacw'r haul yn cynnau'i dân.
Wrth siarad daw distawrwydd hir,
Wrth ddygn forio, down i dir.

II.

Amynedd, dyner famaeth gu,
A roddi law ar greulyd glwy—
Dy law wen oer, i wella mwy
    Pob hirgof trist, pob gofid du.
O Amser, feddyginiaeth wir!
Wrth ddygyn forio, down i dir.

III.

Amynedd, sicraf gymorth clau!
At Hiraeth chwerw yn dygnu byw,
Daw deuraid saethau, ac nid yw!
    Mae'r dyddiau hir yn ymfyrhau.
O Amser, ddwyfol seythydd clir!
Wrth ddygyn forio, down i dir.

IV.

Amynedd, angel tanllyd Duw!
Tryweni'r galon farw lom,
Ac egin gwyd o'i chleiog dom,
    Weithian mae hi gan flodau'n fyw.
O Amser, lais cyfriniaeth hir!
Wrth ddygyn forio, down i dir.

V.
   Amynedd, santaidd drysor glân!
Wrth wylio'r nos, â'r nos ar ffo,
Wrth ddilyn hynt y sêr a'u tro,
   Ha, dacw'r haul yn cynnau'i dân.
Wrth siarad daw distawrwydd hir,
Wrth ddygn forio, down i dir.

(Y Llynnoedd Chwerwon, Yr Aifft, Mai 7, 1917)

Y Fendith

I Gymro oedd yn myned adref o'r Aifft amser rhyfel.

Wrth fynd yn ôl i Gymru
   O'r wlad adwythig hon,
Pwy ŵyr na thry dy gamre
   I fro Morgannwg lon?

Mae yno dŷ rhwng gerddi
   Yn ymyl tre Caerdydd;
Yno y mae fy hiraeth
   Clwyfus yn rhodio'n rhydd.

Bydd bendith yn fy nghalon
   Bob nos, pan ddaw i 'ngho
Fod rhywun bach yn cysgu
   Tu fewn i'w furiau o—

Deuruddgoch ar obennydd,
   A llygaid bach ynghau.
A stôr o chwerthin fory
   Yn cadw yn y ddau.

A chalon fach yn curo
   O dan ddiniwed fron,
Mewn cariad pur at dadi
   Sy'n rhywle ar y don.

Mae yno un yn gwylio
   A gwylio am yr awr
Pan ddaw'r cenhedloedd mudion
   I ganu toriad gwawr,

Gwawr heddwch tros yr hollfyd
    Fel yn ei chalon hi,
Pan fo ei meddwl mynych
    Yn crwydro ataf i.

Nid wyf yn erchi i'r Arglwydd
    Roi'i fendith ar y ddau:
Mae mawr benllanw'i fendith
    Eisoes o'u cylch yn cau.

Ac nid wy'n gofyn, Arglwydd,
    Fy hun dy fendith Di:
Fe roist Dy fendith eisoes
    Wrth roddi'r ddau i mi.

Rwy'n crefu dros galonnau'r
    Cenhedloedd sy dan glwy
Am gyfran fach o'r heddwch
    A roddaist iddynt hwy.

(Port Said, 1917)

Y Farn Fawr

Nid wyf yn ofni, Arglwydd mwyn,
    Dy farnau holldrugarog Di—
Rwyt Ti yn gallu cydymddŵyn
    Â'm holl wendidau i.

Nid wyf yn ofni dicter un
    Sy'n drysor drutach na'r holl fyd,
Bydd hithau'n deall, fel Dy Hun,
    Pob dirgel oll i gyd;

Na'r un a'm dug yn faban gwan,
    Fu'n goddef fy holl droeon blin,
Na'r tad fu'n goddef ar fy rhan
    Galedi'r graig a'r hin.

Na'r plant pan glywont ar eu min
    Atgasedd blas y grawnwin sur,
Cant yfed fy melysaf win
    Mewn maddeugarwch pur—

Rwy'n ofni wrth feddwl am fynd trwy
    Holl oriau tragwyddoldeb hir,
Pan gaffwyf innau weld, fel hwy,
    Pob dirgel oll yn glir.

Fy anfaddeugar hun, Myfi,
    Fydd farnwr troeon fy ffordd gam,
Pan lamo ein marwoldeb ni
    Yn glir anfarwol fflam.

(Môr Iwerydd, Tachwedd, 1917)

I'm Cyndadau

Os oes un gronyn bach o'm marwol glai'n
    Rywiocach beth na'i gilydd; neu os â,
Drwy frodwaith chwith fy mod, ryw edau fain
    Yn dangos drudwaith rhyw guddiedig dda;
Os o lwyd ludw'r tân a losgai gynt
    Ar aelwyd f'ienctid, pan oedd gwyn fy myd,
Cwyd sydyn fflach am eiliad yn y gwynt,
    Cyn cilio'n ôl dan len y lludw mud—
Chwi biau'r rhain, fy nhadau meirwon; chwi
    Ar erwau llwm hen Landdeiniolen bell
Fu'n puro'r gwaed sy'n rhedeg ynof i,
    Fu'n casglu erof yr un gronyn gwell.
Dyma'ch cofadail—y sylwedydd syn
Yn canfod ynof dda oedd gudd cyn hyn.

(Ar fôr Iwerydd, Hydref, 1917)

1914-1918
Yr ieuainc wrth yr hen.

Am fod eich clonnau chwi yn oer,
  A'ch cas yn llosgi'n ysol fflam,
A'ch dannedd yn ewynnu poer,
  A'ch enaid wedi tyfu'n gam;

Am nad oes yn eich bywyd gwael
  Un gobaith yn tywynnu dydd,
Am nad oes dim tosturi hael
  Na chariad gennych na dim ffydd;

Am droi ohonoch eiriau Duw
  Yn udo croch am fwy o waed,
Am faeddu ffrwd y dyfroedd byw,
  Am droi Ei fainc yn lle i'ch traed—

Am ichwi wneuthur hyn i gyd,
  Ry'm ni, fu'n aberth er eich mwyn
Fel gyrr o anifeiliaid mud,
  Dan feichiau oedd ry drwm i'w dwyn,

Ry'm ni'n cyhoeddi melltith mwy
  Ar bawb ohonoch yn eich tro,
Benadur gwlad, cynghorwr plwy,
  Arglwydd yr aur, a thorrwr glo.

Ni ydyw'r ieuainc distadl ffôl
  Yrasoch chwi wrth weiddi gwaed;
Ni ddaw ohonom un yn ôl,
  Ni chlyw'r hen lwybrau sŵn ein traed.

Ni oedd gariadon hyd y ffyrdd
  Yn nistaw hwyr yr hydref lleddf;
Nyni oedd biau'r gwanwyn gwyrdd,
  Ac eiddom ni bob glendid greddf,

Pob breuddwyd teg a phurdeb bryd,
  Pob gobaith, pob haelioni hir,
Pob rhyw ddyheu am lanach byd,
  Pob tyfiant cain, pob golau clir.

Nyni yw'r rhai fendithiodd Duw
  A'r dewrder mawr heb gyfri'r gost;
Ni oedd yn canu am gael byw,
  A byw a bywyd oedd ein bost.

Ohonom nid oes un yn awr;
  Aeth bidog drwy y galon lân,
Mae'r ffosydd dros y dewrder mawr,
  Mae'r bwled wedi tewi'r gân.

Pan gerddoch chwi, hen ddynion blin,
  Hyd lwybrau'r wlad, ni'ch poenir fawr
Gan sibrwd isel, fin wrth fin;
  Mae'r cariad wedi peidio'n awr.

Mae melltith ar ein gwefus ni
  Yn chwerw, ond wedyn cyfyd gwên,
Wrth gofio nad awn byth fel chwi,
  Wrth gofio nad awn byth yn hen.

(Dydd Oediad y Gad, 1918)

Ofn
(Ar ôl dychwelyd o'r Llynges)

'Rôl crynu hir dan wae'r gormesol wynt,
    A'r moroedd maith, a'u certh ddygyfor hwy,
A'm lluchio beunydd ar ddigartref hynt,
    Mewn ing a dychrynfeydd a mynych glwy,
Heddiw mi ddeuthum innau'n ôl i dir,
    Gan roi ffarwel i drom hwsmonaeth braw,
A gweld hen wladfa Ofn, drwy'r glesni clir,
    Mewn diogelwch pell yn cilio draw.
Calon na thant i ganu nid oes im,
    A Buddugoliaeth ni all gofio salm;
    Ni ddeil ffiolau Heddwch yr un balm
All wella'r heilltion fôr-ddoluriau ddim.
    I ddyfnaf enaid f'enaid rhywbeth aeth
    Sy'n lleisio ofnau'r môr ar drymllyd draeth.

(Rhiwbeina, 1919)

Y Pharisead

(Llinellau i'w rhoddi dan ddarlun un o arwyr
Trysorfa'r Plant*)*

Mae'n pechaduriaid hysbys a'r gwŷr ysmala i gyd
Yn tyrru at ei gilydd mewn hwyl ar gonglau'r stryd:
Maent wedi blino disgwyl am fod yn barchus mwy;
Ond clywais fod fy Arglwydd yn hoffi'u cwmni hwy.

Mae yntau'r Pharisead yn eistedd yn ei dŷ,
Yn llwyddo i fyw yn barchus ar bwys rhinweddau lu,
Mae mil o gyfiawnderau ar ei ysgwyddau'n bwn;
Clywais nad oedd fy Arglwydd yn hoffi cwmni hwn.

Mae hwn yn gwario'i arian i wasanaethu'i Dduw,
A dwys gynghori'r werin i'w dysgu sut i fyw;
Dilychwin yw ei fywyd, a'i foes fel rhosyn gwyn—
Clywais nad oedd fy Arglwydd yn gweled fawr yn hyn.

Mae hwn yn ustus heddwch yn nhref Jerusalem,
A'r lladron a'r puteiniaid yn gwywo dan ei drem;
Rhag pechod ac ysgafnder, mae hwn yn groch ei lef,
Ond gwn nad oedd fy Arglwydd yn credu ynddo ef.

Mae'r holl Rabbiniaid duwiol wrth siarad wrth y plant
Yn codi hwn yn batrwm o Iddew ac o sant;
Dirwest a byw yn gynnil a'i gwnaeth yn fawr fel hyn,
Ond hwn a yrrodd F'Arglwydd i ben Calfaria fryn.

(Rhiwbeina, 1920)

Yr Asyn

(O Saesneg G. K. Chesterton.)

Pan hedai'r pysg, pan gerddai'r coed,
    A'r drain yn ffigys ir;
Rhyw nos, pan oedd y lloer yn waed,
    Y'm ganed i, mae'n wir.

Anfad fy mhen, ac erch fy llais,
    A'm dwyglust fel dau bawl;
Yn anad holl fwystfilod byd,
    Myfi gadd lun y diawl.

Rwy'n gas gan bawb o bobl y byd,
    Rwy'n gam, rwy'n groes, rwy'n flin:
Chwipiwch a sgyrsiwch fi—rwy'n fud,
    Ni ddwedaf i fy rhin.

Ynfydion!—cefais innau fawr,
    Un awr felysa gaed;
Roedd sŵn Hosanna yn fy nghlust,
    A phalmwydd dan fy nhraed.

(Rhiwbeina, 1920)

Gwlad y Bryniau
(Darn heb ei orffen.)

Mab y Bryniau:
Mae'r awel hwyr sydd ar y bannau hyn
   Yn hallt gan anadl yr Iwerydd fawr—
A phan ddaw chwa y bore dros y bryn,
   Caiff rhyw bysgodwr unig yfed sawr
      Y mynydd ar y don—o, wlad fy nhadau!
Hen ymerodraeth y canrifoedd maith,
   I ba gyfyngder bach y gwasgwyd di!
Mor fyr yw cylchdro a chariadus daith
   Y serch a'th gâr wrth nodi ffin dy fri,
      Wrth fanwl annwyl enwi rhif dy radau.
A'th feibion, ble maent hwy?—Yn gwylio'r nos
Ar borfa lom mynydd-dir pell a rhos.

Ysbryd yr Oesau:
   Mi welaf yn awr yn gwasgaru
     Y niwloedd fu'n tario mor hir
   Ar arfaeth yr Hwn sydd yn caru
     Gwyllt Walia a'i dynion a'i thir.
   Fe rwygodd obeithion y tadau,
     Nid ymffrost y meibion byth mwy;
   Nid maith ymerodraeth a chadau
     A geir ganddynt hwy.

Fe ddarfu y gwleddoedd a'u menestr,
   Ond yma rhwng mynydd a môr,
Rhydd Duw y gorllewin yn ffenestr,
   A'r bylchau anghysbell yn ddôr.
Fe erys y gân ar y tannau,
   Fe gedwir yn nyfnder y nos
Y golau yn glir ar y bannau
   Rhwng morfa a rhos.

                   (Rhiwbeina, 1921)

Gwladys Rhys

Seiat, Cwrdd Gweddi, Dorcas, a Chwrdd Plant;
A 'nhad drwy'r dydd a'r nos mor flin â'r gwynt,
A'r gwynt drwy'r dydd a'r nos ym mrigau'r pîn
O amgylch tŷ'r gweinidog. Ac roedd 'mam,
Wrth geisio dysgu iaith y nef, heb iaith
Ond sôn am oedfa, seiat, cwrdd a Dorcas.

Pa beth oedd im i'w wneuthur, Gwladys Rhys,
Merch hynaf y Parchedig Thomas Rhys,
Gweinidog Horeb ar y Rhos? Pa beth
Ond mynych flin ddyheu, a diflas droi
Fy llygaid draw ac yma dros y waun,
A chodi'r bore i ddymuno nos,
A throsi drwy'r nos hir, dan ddisgwyl bore?
A'r gaeaf, o fy Nuw, wrth dynnu'r llen
Dros y ffenestri bedwar yn y p'nawn,
A chlywed gwynt yn cwyno ym mrigau'r pîn,
A gwrando ar ymddiddan 'nhad a 'mam!

Rhyw ddiwrnod fe ddaeth Rhywun tua'r tŷ,
A theimlais Rywbeth rhyfedd yn fy nghalon:
Nid oedd y gwynt yn cwyno yn y pîn,
A mwyach nid oedd raid i'm llygaid droi
Yma ac acw dros y waun. Daeth chwa
Rhyw awel hyfryd o'r gororau pell.
Mi dynnais innau'r llenni dros y ffenestr,
Heb ateb gair i flinder oer fy nhad,
A gwrando 'mam yn adrodd hanes hir
Cymdeithas Ddirwest Merched Gwynedd: yna
Heb air wrth neb es allan drwy yr eira,
Pan oedd y gwynt yn cwyno drwy y pîn,
A hithau'n noson seiat a Chwrdd Dorcas.

Am hynny, deithiwr, yma rwyf yn gorwedd
Wrth dalcen Capel Horeb—Gwladys Rhys,
Yn ddeg ar hugain oed, a 'nhad a 'mam
Yn pasio heibio i'r Seiat ac i'r Cwrdd,
Cyfarfod Gweddi, Dorcas, a phwyllgorau
Cymdeithas Ddirwest Merched Gwynedd; yma
Yn nyffryn angof, am nad oedd y chwa
A glywswn unwaith o'r gororau pell
Ond sŵn y gwynt yn cwyno yn y pîn.

(Rhiwbeina, Rhagfyr, 1921)

Y Rhieni Wrth y Plentyn

I.

Fy machgen bach, wrth droi i'r byd
I weu dy hun dy dynged ddrud,
Boed honno'n gymwys neu boed gam,
Tydi yw cyfan fyd dy fam.

Wrth wrando beunydd ar dy lais,
Gadawodd hi bob uchel gais;
Aeth hen obeithion gyda'r gwynt
A'r holl gynlluniau annwyl gynt.

Mae'r hen freuddwydion welodd hi
Yn sylwedd newydd ynot ti;
Mae holl gyfundrefn newydd fyd
Yng nghadw gennyt ti i gyd.

II.

Dy dad, gwêl yntau'r ecstasi
A gafodd gynt yn nyddiau'i fri
A gwres a bendith yr hen nwyd
Yn lleddfu yn yr hydref llwyd.

Pa le mae'r hen gyfrinach gu
A'r hen unoliaeth ddyddiau fu?
Rhyngof a natur fe ddaeth llen
Pan rois fy nghoron ar dy ben.

Heb fwrw y draul, na'i chyfri'n groes,
Heliasom addewidion oes,
A'u rhoi mewn un anturiaeth fawr,
A thi a'u piau i gyd yn awr.

III.

Efallai, ambell gyfrin hwyr
Pan gilio'r pethau bach yn llwyr,
Cei deimlo rhywbeth rydd lanhad,
—Hwnnw fydd bywyd coll dy dad;

Neu pan fo'r lleisiau yn creu hud
A pherffaith wynfyd persain drud,
Cei weled gwlad, ar wibiog hynt,
Fu'n annwyl iawn i rywun gynt.

O daw'r golomen nef i lawr
I blith y gynulleidfa fawr,
A thithau'n teimlo, ar ei hynt,
Gyniweiriadau'r nefol wynt,

Nid colled inni, Duw a'i gŵyr,
Oedd colli'r hen deimladau'n llwyr,
Os cyffry'r hyn deimlasom ni
Unwaith ddŵr llyn Bethesda i ti.

(Rhiwbeina, 1922)

Thomas Morgan yr Ironmonger

O'r wlad, o gwmni Pero bach a Loffti,
Yn hogyn pymtheg, pan oedd hogiau'n syml,
Yn hogyn bochgoch distaw, deuthum i
Yn brentis i Gaernarfon; deugain mlynedd
Yn gwerthu celfi tai a gêr y ffarm;
A phan oedd cyffro ienctid bron â mynd,
Cymerais ŵyl o'r siop a phriodais wraig.
Rhoes imi galon lân, ac aelwyd glyd,
A mynwes esmwyth i orffwyso 'mhen,
Ond ni ddywedais i fy rhin wrth neb,
Ond dal mewn gobaith am y dyddiau gwell
Pan gawn reteirio, a mynd eto'n ôl
I'r wlad at Pero, Loffti, Seren, Ceinwen.

Ni chefais wyliau ond ambell drip ar long
I'r Isle o' Man; a dim ond siop, siop, siop,
Drwy gydol hir y dydd; a chyda'r nos
'Rôl amser cau, rhyw hanner awr o sgwrs
Ym mharlwr y *Red Cow*, yn gweld yr hogiau
O ddydd i ddydd yn mynd yn hen a chroes.
Ni chefais fawr o egwyl gyda'm Duw,
Na fawr o chwaeth at grefydd, dim ond trin
Y byd yn weddol onest, a rhoi'r gwir
I bawb o'r hogiau, ac i'r wraig a'r plant.
Ni chefais ddysg, nac amser i drafferthu
Am anfarwoldeb, dim ond poeni weithiau
Wrth feddwl am ffarwelio gyda'r nos.
O hogiau y *Red Cow*, wrth fynd am dro
Wener y Groglith, neu ar bnawn dydd Iau,
A phasio wrth Lanbeblig, rhowch un tro
I'ch meddwl tua'r hwn sy'n gorwedd yma;
Bydd imi anfarwoldeb tra foch byw.

(Rhiwbeina, 1922)

Y Golled

Af, cyn fy marw, dros y byd
I ddeffro'r hen deimladau mud
Ni allaf lithro'n oer fel hyn
Heb serch na ffydd hyd risiau'r glyn.

Unwaith mi welais Amser oll,
Yn ddistadl fach mewn gwagle ar goll,
A minnau'n byw yn eithaf awr
Â phwnc y Tragwyddoldeb mawr.

A! dderwen gyfrin yn y pant,
Yn deilio'n araf dros y nant,
Ceidwad holl rin fy maboed i,
Pwy ŵyr yr hyn sy rhof â thi?

Mae meindwr môsc mewn lle a wn,
A glasrudd wrid yw coron hwn
O am gael clywed yr hen rin
Pan leddfo llais y mwezzîn,

Neu deimlo eto ar y don,
Lamu fy nghalon fach o'm bron
Wrth weled holl hawddgarwch du
Craig Ailsa o'r niwl yn seuthu fry

O Beniel bell, O Beniel ddrud
Rhof fi a thi mae moroedd byd,
A dall gawodydd niwl a glaw,
Dagrau fy ngholled, ar bob llaw.

O'r hyn ddaeth imi yno gynt
Mewn gwersyll nos ar frysiog hynt,
Fe gollwyd popeth fesul un
Ond yr hen 'sigdod yn fy nghlun.

(1924)

Y Gwestai
(O Saesneg S. R. Lysaght)

Pe curai Cariad wrth dy ddrws, a rhoi,
   Wrth geisio llety, arnat nod ei fri—
   Cyn cynnwys hwn i'th aelwyd, aros di,
Os mynnit yn dy hen lonyddwch droi.
Nid wrtho'i hun y bydd, ond daw ynghyd
   Engyl y niwl a'r holl freuddwydion pell
   Am yr annichon a'r anghyffwrdd gwell,
A gofid, a hen oesol boen y byd.
Fe ddeffry chwantau nas anghofi mwy,
   Fe ddengys sêr na welaist ti cyn hyn,
   Dy wneuthur di'n gyfrannog bellach fyn
O ddolur byd a baich ei ddwyfol glwy.
Mor ddoeth fai gwrthod agor; eto, gwn,
Mor druan dlawd faet ti o wrthod hwn!

(1927)

Cefn Mabli

Yma bu pob rhyw lendid mab a merch,
    Ar anterth mawr eu bywyd, yn rhoi tro;
Bu yma ddawns a chân yn cymell serch
    Nosweithiau haf i fynwes gwyrda'r fro,
A llygaid mwyn ar lawer trannoeth blin
    Drwy'r ffenestr hon yn gwylio'r curlaw llwyd
A hwyr sigliadau duwch llwm y pîn
    A thruan dranc cyfaredd yr hen nwyd.
Awgrym nid oes o'r maith rialti gynt
    Nac atgof prin o'r hen anobaith hardd—
Dim ond rhyw lais yn lleddfu ar fin y gwynt
    A rhosyn gwyllt yn hendre rhos yr ardd,
Ychydig o'r hen wylo yn y glaw,
Ychydig lwch yn Llanfihangel draw.

(1930)

Capten John Huws yr *Oriana*

Fel hwlc ar fin y distyll, a phob ton
Wrth guro arno'n datod yr hen ais,
Bûm ugain mlynedd ar eisteddfa'r cei
A'r dyddiau'n golchi trosof: fesul un
Ciliodd yr hen gymdeithion heb ddweud gair,
A minnau'n dal i eistedd wrth y cei,
I eistedd ac i bydru yn y gwynt,
A'm dyddiau'n dod i fyny gyda'r llanw
A llithro'n ôl drachefn ar lif y trai,
—Capten John Huws yr *Oriana* gynt
Oedd yma ar y distyll, a phob ton
Wrth olchi trosto'n datod yr hen ais.

Duw mawr, pa beth a wnawn ar risiau'r cei
Yn dadlau Pwnc y Bedydd ar b'nawn Sul,
A'r holl flynyddoedd eirias a fu gynt
Yn fflamio'n goelcerth ym mhedryfan byd,
Yn clecian fel tân drain a marw'n fwg,
Yn Frisco, Suez, Rio, Singapôr?
Pa beth a wnawn yn eistedd ar y cei,
A phleidio hwn yn flaenor, hwn yn faer,
Fel twrnai môr mewn ffocsl—a'r hen long
A'i chefn toredig ar y distyll draw
A'i hen asennau tlawd fel meinion fysedd
Yn amnaid ar ei chapten nos a dydd?

*   *   *

Mi godais innau wedi i bawb o'r *watch*
Fynd dan y dec i gadw—Capten Huws
Yr *Oriana*'n hwylio rownd yr Horn.
Ho, Mistar Mêt, cadwasom yn rhy hir
Ar y tac hwn, ni wnaethom ddim ond *lee*,
"'*Bout ship* a *mainsail haul*,"—a throi i'r gwynt
A gadael hen rigolau lle bûm cyd
Yn drifftio i lawr i'r lward. Dyna pam
'R wyf wedi cyrraedd harbwr yn Llanbeblig,
A hogiau'r dre' wrth basio ar eu tro
Yn edrych ar y garreg, ac yn dweud
"'Rhen Gapten Huws yr *Oriana* gynt,
Sy'n hwlc ar fin y distyll..."

(1930)

Y Tlawd Hwn

Am fod rhyw anesmwythyd yn y gwynt,
 A sŵn hen wylo yng nghuriadau'r glaw,
Ac eco'r lleddf adfydus odlau gynt
 Yn tiwnio drwy ei enaid yn ddi-daw,
A thrymru cefnfor pell ar noson lonydd
 Yn traethu rhin y cenedlaethau coll,
  A thrydar yr afonydd
 Yn deffro ing y dioddefiannau oll—
Aeth hwn fel mudan i ryw rith dawelwch,
 A chiliodd ei gymrodyr un ac un,
A'i adel yntau yn ei fawr ddirgelwch
 I wrando'r lleisiau dieithr wrtho'i hun.

Gwelodd hwn harddwch lle bu'i frodyr ef
 Yn galw melltith Duw ar aflan fyd;
Gwrthododd hwn eu llwybrau hwy i nef
 Am atsain ansylweddol bibau hud,
A murmur gwenyn Arawn o winllannau
 Yn drwm dan wlith y mêl ar lawr y glyn,
  A neithdar cudd drigfannau
 Magwyrydd aur Caer Siddi ar y bryn.
A chyn cael bedd, cadd eistedd wrth y gwleddoedd,
 A llesmair wrando anweledig gôr
Adar Rhiannon yn y perl gynteddoedd
 Sy'n agor ar yr hen anghofus fôr.

(1931)

Angof

Er chwilio conglau'r fynwent
    O dan y glaswellt trwch,
Ni allaf weld y garreg,
    Os oes un, ar ei llwch.

Ac nid oes neb o'r werin
    Yn cofio amdani mwy
Fu'n gyrru'r gwaed i ferwi
    Yng ngwythi llanciau'r plwy'.

Mae'r harddwch wedi cilio
    O'r moelion weunydd hyn,
A gwythi'r llanciau'n oeri
    Yn hen briddellau'r glyn.

Mae Gwen a'i llanciau'n angof
    Dan wrym y ddaear laith;
Does bellach yr un achos
    I'm cofio innau chwaith.

(1936)

Im Memoriam

Pan glywai Gwen o'r diwedd
    Yr Angau du gerllaw,
Hi gofiai am goed y Gelli'n
    Diferu yn y glaw.

Ble'r aeth yr hen brofiadau
    Fu ganddi ddyddiau fu,
A'r holl hyfrydwch helaeth
    A'i cylchai ar bob tu?

A'r ofn a'r mil pryderon
    A gafodd ar ei hynt,
A llawer oer drychineb
    Fu'n bwysig iddi gynt?

A chysur yr Addewid
    I'r holl grediniol lu,
Pan ddelai'r awr i groesi
    Yr hen Iorddonen ddu?

O holl gyflawnder bywyd,
    Heno nid oes a ddaw
Ond cof am goed y Gelli'n
    Diferu yn y glaw.

(1937)

Er Cof am John Morris-Jones

Roed rhywun heddiw'n siarad, John Morris, am dy hynt,
A thorrais innau i wylo wrth gofio'r amser gynt
Pan yrrem haul i'w wely wrth sgwrsio lawer gwaith;
"Awenawg ŵr o Wynedd," sy'n llwch flynyddoedd maith.
Ond byw yw'r cerddi a genaist, ac ni all Brenin Braw
Sy'n rheibio pob rhyw harddwch, roi arnynt hwy ei law.

(1940)

Y Murddyn

Bu llanw'n troelli rhwng y muriau hyn
    Pan oeddynt furiau; nawr, fel waliau'r cei,
Heb do na pheth ond niwlen lwyd y glyn,
    Ni chlywant mwy ddychweliad llif na thrai.
Mae pob rhyw rygnu trosodd ar y traeth,
    A rhaffau hwyliau Ffydd yn pydru'n dawel,
Cadwyni'r Addewidion sydd dan gaeth
    Ddiymod gochni rhwd y glaw a'r awel.
A phe caet glywed heno, drwy ryw wyrth,
    Lais plant yn crïo a chwerthin yn y tŷ,
Neu'r traed fu'n llyfnu'r trothwy dan y pyrth
    Yn dychwel o siwrneiau'r dyddiau fu—
Ti glywit hefyd sŵn anfeidrol fôr
Yn golchi traethau bywyd gylch y ddôr.

(1941)

Cyffes Gweinidog Bethesda

Unwaith dechreuais bryddest, cyn bod sôn
    Am ansoddeiriol gathlau clic y coleg
A gwrthod gwobr ond i iaith Sir Fôn,
    Ac orgraff a marchogion a seicoleg.
Mi ysgrifennais—*"Pe bai nefol rifydd*
    A allai gyfrif sêr yr wybren dlos
Neu dywod môr, fe fyddai'i ddawn yn ddifudd
    I ddatgan amled..."—yna aeth yn nos.
Mewn un hedegog ddethol wych gymhariaeth,
    Fy mwriad oedd clodfori gwyrthiau'r Iawn,
Ond rhyw gythreulig law o uffern Ariaeth
    'Sgrifennodd hyn cyn diwedd oedfa'r pnawn:
"Cwpanau te a yfais i wrth westa
Yn nhai aelodau'r eglwys ym Methesda."

(1941)

Mae'r Pasiant Trosodd
Ym Mro Morgannwg

Mae'r pasiant trosodd; nid oes un
   Actiwr nac actres a fu ddoe'n
Dangos dan rith-tymhorol lun
   Mor ddarfodedig ydyw poen,

Mor fyr llawenydd. Nid oes go'
   Ond cochni'r maes lle troedient gynt,
A gwywder lle bu'r llwyfan dro,
   A darnau papur yn y gwynt.

Mae'r pasiant trosodd; fe aeth Wil
   I lawr y glyn, aeth Ann yn ôl,
A darfu am rith y caru swil
   A "ffansi'r bachgen ifanc ffôl."

Mae'r dwrn a fu yn herio trais?
   Beth ddaeth o'r wisg dderwyddol hardd
A'r eco a oedd bron yn llais,
   Athrylith unig Iolo fardd?

Plygwyd y babell; ni bydd cerdd
   Na thriban mwyach dan ei tho,
Na goslef o Ewenni werdd,
   Na chwynfan o Fethesda'r Fro.

(Wil Hopcyn, Ann Maddocks. Iolo Morgannwg. Edward Wathems. Thomas Williams)

(1942)

Goresgyniad
(Cerdd hen ffasiwn)

I.

Fe ddaeth y Gaeaf Hitler
  I reibio'n hynys ni;
Fe yrrodd ei holl dreiswyr dreng
  Yn lleng ar draws y lli.

Daethant ar adain fuan
  Yn syth o'r awyr las
Diffeithiwyd ceinder gwaun a gwern
  Dan sang ei gethern gas—

Gauleiter Gwynt a'i Stormwyr,
  Gestapo'r Oerni sydd
Yn chwilio helynt dirgel flin
  Pob gwendid cyfrin cudd.

A llawer durol wron
  A ddaliwyd ar ei gae
I'w anfon gan ryw Himmler hyll
  I gyffion gwersyll gwae.

II.

Ond gyda'r bwgwth cyntaf
  Aeth mawrion gwlad ar ffo
A holl arglwyddi'r uchel ach
  I geisio brafiach bro,

Yr hen uchelwyr beilchion
  A'u gwaed teneulas brac
Dan ofn hualau'r teyrant tyn,
  'R un wedd â'r llwfryn llac,

Dâm Eos a'i rhialtwch,
  Syr Gwennol chwimwth hael,
A'r Gog fu'n troi'r tenantiaid llwm
  O'u tyddyn gwelltglwm gwael.

III.

Ond safodd y gwroniaid,
  Hen werin ffrom y berth,
Heb ofni'r arf, heb ofni'r farn,
  Yn gadarn ac yn gerth,

Ned Nico a Dic Drudws
  A Robin, gochyn glew,
Twm Titw yn cardota'i fwyd,
  Wil Llwyd a'i galon llew,

Holl hogiau llwm y pentref,
  (O annarbodus griw!)
Heb ach, heb ddysg, heb fraint, heb fri,
  Yn drysti ac yn driw.

IV.

Ond Abram Ddu sy'n damio
  Â chrawc ei gecrus geg
Pob da, pob drwg, pob diawl, pob dyn,
  Â'r un amhleidiol reg.

(1943)

Er Cof am y Parch. Thomas Rhys
Gweinidog Horeb, 1860-1924

"Wela'i neb o'm holl gyfeillion
 A ddaw'n dawel gyda mi,
Ac a ddeil fy mhen i fyny
 Yn nyfnderoedd angau du."

Un bore Llun, wrth rodio yn yr ardd
ar ddydd o Fai, Sabath pregethwr blin,
mi glywn ryw oerni ar fy ngwar. Roedd ias
o leithder rhosydd Moab yn cyniwair
drwy'r diffeithleoedd gwyw. Mi deimlais fin
gwynt yn meinhau wrth droi drwy enau'r glyn,
a minnau yn swmera yn yr ardd
 ar fore Llun.

A deugain mlynedd o foreau Llun
yn wrymiau llychlyd gras, hen dipiau glo
yn tonni draw yn tonni draw at ddwyrain
dyddiau fy hir fugeiliaeth; Thomas Rhys
o Horeb ar y Rhos. A pha rigolau
o wacter anial rhyngddynt, Duw a'i gŵyr—
y Suliau chwyslyd hyd a lled y sir
a'r llaes wythnosau'n cerdded yn yr ardd,
pan gefais fod pob dydd yn fore Llun,
 yn fore Llun.

Ymdeithydd, wrth it grwydro rhwng y beddau
a chanfod enw Thomas Rhys, os daw
i'th feddwl holi pwy oedd hwn, a beth
a wnâi, yn chwysu ar y Sul a rhodio
foreau Llun ei oes mewn gwegi llwfr,
ni chei un ateb—nid oes neb a'i gŵyr,
na gwraig na phlant na ffrind nac un o'r saint
fu'n gwylio Mistar Rhys ar Beniel faith
mewn ymdrech unig chwerw ddi-goffâd
    ar fore Llun.

(1944)

William Prys y Te

Wrth fynd i'r ysgol, ar bob bore Llun,
  Rhwng Pont Rhyd Rys a llidiart 'r Erw Fawr,
Mi gwrddwn â'r hen Wiliam wrtho'i hun
  Yn dringo'r allt, a'i lygaid ar y llawr,
'Rhen Wiliam Prys yn mynd o dŷ i dŷ
  I werthu te i wragedd da y fan.
Roedd pawb yn hoffi Wiliam er na bu
  Ers llawer dydd mewn capel nac mewn llan.
Caech ganddo ddelio gonest a'r gair iawn,
  Ni chaech ddim athrod na'r un stori wael.
Bu unwaith yn bregethwr gwych ei ddawn,
  Ond sut y cwympodd hwn i'w dlodaidd fael?
Gofynnais iddo rywdro, ac medd ef,
"Cyfarfod wnes â Marged yn y dref."

(1944)

Mynegai Llinellau Cyntaf

A ddaethost ti i'm blino eto, fun?................................... 60
Aderyn yr hwyrnos 64
Af, cyn fy marw, dros y byd 185
Am fod eich clonnau chwi yn oer 174
Am fod rhyw anesmwythyd yn y gwynt 190
Ar adain cerdd, fy nghariad 57
Ar draws y gorwel lle'r â'r haul i lawr.......................... 142
Ar farch o liw yr eira.. 18
Ar farmor oer pob balch digroeso dŷ 55
Ar fore mwyn yn hydref 75
Ar lan y Fenai dawel, ddistaw hwyrnos haf.................... 4
Ar lan y môr yn nechrau'r haf.. 56
Ar lydan fron Deheubarth, lle mae'r wig.................... 114
Bachgen dengmlwydd gerddodd ryw ben bore 67
Ble mae'r llwyni'n las o hyd.. 78
Blodyn ac ywen ddu 100
Bore'r deffro,—ni fu gwanwyn...................................... 16
Bu glesni byw dy ieuanc ddydd...................................... 32
Bu llanw'n troelli rhwng y muriau hyn 193
Cas yw'r beddau gleision 8
Cerddasom hyd erwau y mynydd 71
Codwyd angor yn y Felinheli.. 68
Crwydro bum hyd lannau'r afon..................................... 63
Cryf oedd sŵn ei gryman yn yr eithin 66
Cyn disgyn o'r ddunos ddistaw 70
Daeth Gwyll yr Hydref eto dros y tir,............................ 44
Daeth rhywun o bellennig draethau'r byd.................... 61
Danfonaist fi i ben y bryn.. 52
Ddoe, ces wên dy lygaid mwynion 74
Deigryn olaf ar ei bedd.. 12
Drist Gatullus, na fydd mwyach 36
Drwy'r nos y troediai'r gwyliwr ar y tŵr 79
Du oedd nos uwchben ei ieuanc fywyd........................ 69

Dwy gusan yn fy enaid sydd, ... 54
Er chwilio conglau'r fynwent 191
Er codi o'r ffôl ei eiliad fer 144
Er disgwyl sŵn troediad fy nghariad yn ôl 59
Fe ddaeth y Gaeaf Hitler 196
Fe ruai'r corwynt balch yn hyll 28
Fel gŵr mewn breuddwyd grwydra dref a llan 60
Fel gwyliwr unig uwch y tonnog li 35
Fel hwlc ar fin y distyll, a phob ton 188
Fu y tonnau'n canu gobaith 1
Fy machgen bach, wrth droi i'r byd 182
Fy mhlentyn bach, pan ddelo'r dydd 156
Glas y gwanwyn, cochni hydref, ... 24
Gorweddai ar lawr y dafarn 150
Gwae fi na'm rhoddwyd innau 50
Gwenu mae y lloer yn ddisglair 27
Gwrando'n torri dros y rhos 106
Gyda Men yng ngwlad barddoniaeth 2
Hen ŵr cryn ym mynwent Llanddeiniolen 152
Mae 'nhelyn ar yr helyg, ... 12
Mae gofid yn nhawelwch gwyll y nos 31
Mae gwyllt atgofion yn dy fynwes di, ... 14
Mae palmwydd îr gwyrddion yn rhywle 62
Mae yn yr Eglwys ar y bryn 99
Mae'n pechaduriaid hysbys a'r gwŷr ysmala i gyd 177
Mae'n rhywle, rhywle ynys unig 34
Mae'r awel hwyr sydd ar y bannau hyn 179
Mae'r awel yn y brigau 13
Mae'r awel yn y goedwig 20
Mae'r eiddew ar furiau y castell 33
Mae'r haf yn breuddwydio 40
Mae'r haf yn prysur wywo'n awr 53
Mae'r llwyn yn magu blodau 54
Mae'r môr y tu allan yn rhuo 61

Mae'r oriau wedi hedeg 26
Mae'r pasiant trosodd; nid oes un 195
Mae'r Seren yn y nefoedd 6
Mi a'i gwelais ddoe mewn llesgedd 55
Mi af oddiyma i Ynys Môn 42
Mi geisiais gyweirio fy allor 38
Mi'th welais yn nyddiau gwyn cariad 65
Mieri gwyllt a drain sy'n dringo'n awr 37
Mor agos eto'r lan, a'r llong yn troi 107
Myfi yw'r Iesu 72
Ni godwn yfory cyn torri gwawr 151
Nid af i 'ngwely heno 165
Nid wyf yn ofni, Arglwydd mwyn, ... 172
O ferched fy ngherddi a 'nghalon, ... 76
O froydd y dolydd sydd ddistaw 58
O Ysbryd Glân! O anadl bywyd Duw, ... 154
O'r wlad, o gwmni Pero bach a Loffti 184
Pa lu yw hwn sy'n ymdaith trwy dy goed? 107
Pan ddychwel ieuenctid o'i winllan 77
Pan glywai Gwen o'r diwedd 192
Pan hedai'r pysg, pan gerddai'r coed 178
Pan welais i gyntaf fy meinwen 52
Pan welais Mair ddiwethaf 51
Pe curai Cariad wrth dy ddrws, a rhoi 186
Rhag anwybodaeth, rhag rhoi pwys 166
Rhuo mae y gwyntoedd oer 10
Rhwng muriau oerion fy ngharchar 30
Rhwng y dail a'r blodau'n 22
Roed rhywun heddiw'n siarad, John Morris, am dy hynt 193
Roedd canu'n hawdd yng Nghymru 73
Roedd pob cerpyn ar i fyny 157
Rôl crynu hir dan wae'r gormesol wynt 176
Rwy'n croesi afon amser 53
Rwy'n wylo am finion gwywedig 43

Seiat, Cwrdd Gweddi, Dorcas, a Chwrdd Plant 180
Sŵn yr Afon yn y dolydd 5
Un bore Llun, wrth rodio yn yr ardd 198
Unwaith dechreuais bryddest, cyn bod sôn 194
Uu orig fach, cyn troedio'r llwybrau crin 148
Wrth donnau Menai lonydd 105
Wrth fynd i'r ysgol, ar bob bore Llun 199
Wrth fynd yn ôl i Gymru 170
Wrth wasgu'r rhent o groen y gweryd gwael 146
Y nos oedd yn ddu ac yn drymaidd 78
Yma bu pob rhyw lendid mab a merch 187
Yn eithaf yr ynys hen dawel 104
Yn irder ei blynyddoedd gwelodd hi 103
Yn Llaniolen wrth yr eglwys 101
Yn y goedwig yr wyf yn wylo 56
Yn y gwanwyn, O Myfanwy 3

Ar gael hefyd o www.melinbapur.cymru:

Selma Merbaum
Cerddi 1939-1941

"Rwyf am fyw...
Rwyf am chwerthin...
ac ymladd a charu a chasáu...
Nid wyf am farw. Na."

Ganed Selma Merbaum yn Czernowitz (heddiw Chernivtsi yn Wcráin) ym 1924. Bu farw o deiffws ym 1942 yng ngwersyll llafur Mikhailowka a reolwyd gan yr SS. Medrai Selma Almaeneg, Iddeweg a Rwmaneg, ond yn Almaeneg ysgrifennodd ei cherddi.

Ar ôl cyhoeddi Blütenlese ('Cynhaeaf Blodau') yn Israel ym 1976, dechreuwyd cymryd diddordeb yn ei cherddi yn yr Almaen, ac fe'i dilynwyd gan gyfieithiadau i Iddeweg, Hebraeg, Saesneg, Iseldireg, Sbaeneg, Wcraineg, ac nawr i'r Gymraeg.

Mae'r cyfieithiad Cymraeg hwn o'r casgliad cyflawn gan Mary Burdett-Jones yn gosod y cerddi yn y drefn y cawsant eu hysgrifennu fel bod modd olrhain datblygiad llais barddonol y bardd.

Ar gael hefyd o www.melinbapur.cymru:

E. Prosser Rhys
Atgof a Cherddi Eraill

"Soniasom am y pethau ffôl na ŵyr
Ond llanciau gaffael ynddynt liw na gwres,
Y pethau a gerdd ar lanw eu gwaed fin hwyr,
A phorthi heb borthi'u blys; a'u tynnu'n nes."

Roedd Edward Prosser Rhys (1901-1945) yn fardd, newyddiadurwr a chyhoeddwr llyfrau wnaeth gyfraniad sylweddol i fywyd Cymraeg yn ystod ei fywyd cymharol fyr fel sefydlydd Gwasg Aberystwyth a'r Clwb Llyfrau Cymraeg.

Fel bardd, hwyrach y bydd yn parhau'n fwyaf adnabyddus am ei bryddest, Atgof, a enillodd iddo Goron Eisteddfod Genedlaethol 1924; cerdd a greodd gryn ddadlau oherwydd ei bod yn cynnwys portreadau di-gamsyniol o gyfathrach rywiol, gan gynnwys cyfeiriad di-amwys at gyfathrach rywiol rhwng dau ddyn. Fodd bynnag, dim ond un agwedd oedd hon ar feiddgarwch barddoniaeth y ffigwr pwysig hwn.

Dyma'r cyhoeddiad cyntaf o farddoniaeth Prosser Rhys ers yr 1940au. Mae'r rhagair estynedig gan Gareth-Evans Jones yn cyflwyno'r bardd ac yn gosod y cerddi yn eu cyd-destun.

Ar gael hefyd o www.melinbapur.cymru:

Eben Fardd
Dinistr Jerusalem a Cherddi Eraill

*"Llithrig yw'r palmant llathrwyn,
Môr gwaed ar y Marmor gwyn..."*

Eben Fardd (Ebenezer Thomas, 1802-1863) oedd un o feirdd Cymraeg mwyaf a phwysicaf ei oes. Gwelir yn ei waith cynnar uchafbwynt clasuriaeth ddisgrifiadol y Gymraeg, ac egino rhamantiaeth.

Daeth ei lwyddiant eisteddfodol cyntaf yn 1824 pan enillodd cadair Eisteddfod Powys yn y Trallwng gyda'i awdl enwog *Dinistr Jerusalem*, ei gerdd fwyaf ac enwocaf, sy'n nodedig am ei disgrifiadau graffig o ryfel a thrais. Daeth llwyddiannau niferus eraill iddo mewn eisteddfodau rhanbarthol dros y degawdau nesaf; roedd hefyd yn emynydd o fri.

"[Roedd] ynddo fwy o anianawd y gwir fardd nag odid neb o feirdd eisteddfodol y bedwaredd ganrif ar bymtheg."
—Thomas Parry

"Rwyf, ers ugain mlynedd, yn barnu mai ef oedd y crëwr artistig mwyaf yn y bedwaredd ganrif ar bymtheg, a'i fod yn ddiamau ymhlith pedwar neu bump o feirdd blaenaf y genedl."
—W. J. Gruffydd

www.melinbapur.cymru

Dilynwch ni ar:

X (@melinbapur)
Facebook (@melinbapur

www.ingramcontent.com/pod-product-compliance
Lightning Source LLC
Chambersburg PA
CBHW041138110526
44590CB00027B/4057